जीवन एक उपवन

जीवन एक उपवन

कनक जैन

ISBN : 978-81-783-5421-7

First Published, 2018

Published by

Kalpaz Publications
C-30, Satyawati Nagar,
Delhi – 110052
Ph.: 011-47034999, 9811692060
www.kalpazpublications.com
E-mail: kalpaz@hotmail.com

Printed at: G. Print Process, Delhi

अर्पित सासु मां को

तुम ही प्रार्थना, तुम ही साधना
तुम ही प्रभु की वाणी हो
तुम ही जीवन की हर खुशबु
तुम ही प्रेरणादायिनी हो
अर्पितु तुमको पुष्प ये सारे
स्वीकार करो ''प्यारी सासु मां
ममता मिली हमें इतनी,
लगता एक जनम बड़ा कम प्रिय मां

कनक

अनुक्रम

गुले-गुलजार

जीवन का सार

प्रभु से प्यार

बन्नी-बन्ने का सजा संसार

उत्सव है लाते ठंडी बयार

रंग कुछ और भी है देख मेरे यार

कुछ कहना है

जिंदगी यूं तो यूं ही गुज़र जाती है
लेकिन हर पल में होती है कुछ खास बात
अगर उस पल को पकड़ कर तराश ले,
तो कविता बन जाती है।
यूं तो मैंने जिन्दगी के हर पल को बड़ी
खुबसुरती और ताजगी से जिया है
जीवन की कड़वी और मीठी सच्चाईयों को
बड़े साहस के साथ पिया है! मेरे जीवन में सहारों
की कभी कमी ना थी फिर भी ना जाने क्यों
लगता था सिर पर आसमां तो है पर पैरों के
नीचे जमीन ना थी तभी मन में प्रश्न उठा
क्यों ना अपने इस अधुरेपन को पुरा कर लूं
अपनी हर सोच को कलम से नजरबंद कर लूं
जीवन से भाग रहे या जीवन में भाग रहे हर
व्यक्ति को वो जाम दूं जिसे पी कर मन बहले
उसका, उसको क्षणिक आराम दूं! मेरे उपवन
में कई रंगों की बहार है! बन्ने-बन्नी की
मधुर गुंजार है, तो कहीं उत्सवों की रंगीनियां
बेशुमार हैं। जीवन की मीठी व कड़वी सच्चाईयों
की धूप भी है और प्रभु-प्रेम का बरसता सावन
जिसका इस उपवन से रिश्ता अटूट है क्योंकि
यह सावन ही तो मेरे उपवन का सच्चा स्वरूप है।

लेखिका का प्रेरणा स्रोत

14 नवम्बर 2000 की सुबह, हमारे बड़े व आदरणीय भाई साहब श्रेयांस जी के विवाह की रजत-जयन्ती थी। उन्होंने हमें इतना प्यार दिया है कि शब्दों में वर्णन करना नामुमकिन है लेकिन मन चाह कर भी इस उमंग को रोक ना पाया और मैंने अपना प्यार कुछ शब्दों में पिरोकर उपहार के रूप में उन्हें दिया। उस अनोखे उपहार की उन्होंने इतनी ज्यादा प्रशंसा की कि उनकी इस प्रशंसा को मैंने अपने जीवन का अमुल्य आर्शीवाद समझ लिया और मैं उस रास्ते पर निकल पड़ी जिसकी मैंने कभी कल्पना भी नहीं की थी फिर तो यह सफर उस सागर की तरह बन गया जिसमें रोज नई-नई लहरें उठती थी और मेरे मन को रोज तरह-तरह की तरंगों और उमंगों से भिगोती और जाते हुए अपने पैरों के निशान मेरी नन्ही कलम पर छोड़ जाती।

मेरे इस सफर के अब, तुम सब भी हो हमसफर
साथ दिल से दिया अगर तो, भुलेंगे ना उम्र भर।

गुले-गुलजार

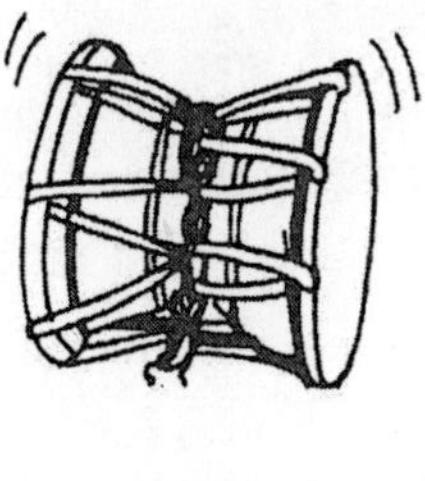

मोबाइल

मोबाइल था कभी ऊंचे लोगों का महंगा स्टाईल
पर अब हर वर्ग के लोग करें इससे कुश्ती फ्री-स्टाईल।
प्रत्येक व्यक्ति की जेब से यह झांकता नजर आता है
इसके बिना जैसे किसी को जीना ही नहीं आता है।
मालिक की तो बात ही क्या है नौकर भी इससे बात करके ही
बाजार से फल लाता है।
श्रीमति जी तब ब्यूटी पार्लर जाती है
ड्राइवर से मोबाइल पर बात करके ही गाड़ी मंगवाती हैं।
बच्चे इसे थामे गेम खेलते नजर आते हैं।
Out-Door-Game छोड बस इसके बटन दबाते हैं।
जवां दिल S.M.S. कर धड़कते दिलों को और धड़काते हैं
बूढ़े भी इसका लुत्फ उठाते नजर आते हैं
जब Morning Walk पर वे इसको अपने साथ ले जाते हैं
और बच्चों को मोबाइल कर नींद से जगाते हैं।
मगर कभी-कभी यह मोबाइल कमबख्त शूल बन दिल में चुभ
जाता है

जब माशूक का सर हो कान्धे पर और ये बेवक्त बज जाता है।
पति भी इसके करम से आजीवन कैद की सजा भोगते हैं
क्योंकि पत्नी और बच्चे अपनी गिरफ्त से
उन्हें बाहर भी नहीं छोड़ते हैं
हर समय उन्हें अपनी पत्नी की रेंज में रहना पड़ता है।
नहीं तो घर लौटने पर 1-1 मिनट का हिसाब देना पड़ता है
वाह! रे मोबाइल तूने कैसा किया जादू?
देखने में लगता है छोटा
पर पूरी दुनिया को किया काबू...
पूरी दुनिया...

जवानी का आलम

जवानी कब आती है, यह पता तब चलता है
जब पड़ौसी का लड़का देख हमें ठंडी आहें भरता है।
छत पर खड़ा हो कर वो, सीटियां बजाता है।
कुछ पुराने व कुछ नए गीत गाता है।
तब अहसास होता है लो आ गई जवानी।
जवानी के इस पल को क्यों न कैश करा लें।
पड़ोस के लड़के संग प्रेम की पींग बढ़ा लें।
जरा हम भी तो देखे, जवानी के हसीन पल
जब रातें लगे नशीली, बीते हर लम्हा बनके गजल।
महबूब के कान्धे पर सर रखके हम अपना
जागी हुई आंखों से देखे मधुर सा सपना।
'चन्द्रमुखी' बन कर जरा हम भी तो झूमे।
नागिन सी जुल्फों संग फिर मस्ती में घूमे।
बरसते हो मुख से फूल ऐसी बहार बन जाए
अपनी हर एक अदा से उसे दीवाना बनाए।
सर्द-रातों में भी गर्मी का हो अहसास
दूर रहकर भी वो सदा लगता हो इतने पास
कि इस एक पल की खातिर अपने लगे पराये

प्रियतम को छोड़कर जब दुनिया, को भूल जाएं
हां इसी सुनहरे ख्वाब का नाम जवानी है।
जब जोश रहें पर होश न हो,
उस पल का नाम जवानी है जब जोश रहें,
पर होश न हो उस पल का नाम जवानी हैं
जब जोश रहें...

ढोल की पोल

बच्चों के स्वास्थ्य की व्यवस्था आजकल बड़ी अव्यवस्थित है
तुम जीयो हजारों साल यह आशीर्वाद एक व्यंग्य में परिवर्तित है।
जनम से ही इनका पेट गैस का सिलेंडर बन जाता है।
क्योंकि मां के दूध से पोल्यूशन डारेक्ट आता है।
लोरियां सुन के नहीं टीवी देखकर नींद आती है
तभी तो स्कूल जाने से पहले ही ऐनक चढ़ जाती है।
पीजा, बर्गर, चाउमीन, भठूरे ही शौक से खाते हैं
अक्सर एसिडिटी की शिकायत करते, कराहते नजर आते हैं
कुर्सी और कम्प्यूटर से इनकी गहरी यारी है।
तभी तो रहती इन्हें हरदम कमर-दर्द की बीमारी है
शैम्पू से बाल धोए सैंट ये लगाते हैं
इसलिए असमय इनके बाल भी पक जाते हैं।
च्युंगम चबाते हैं, चॉकलेट से भूख मिटाते हैं
जवां होने से पहले ही ये दांतो में केविटी भरवाते हैं।
इनके घुटने, बड़ों के आगे, घुटने टेकते नजर आते हैं।
बच्चे चलें ढुलमुल, ढुलमुल, बूढ़े अब भी दौड़ जाते हैं
ढोल की पोल, ढोल की पोल
ढोल की देखो खुल गई पोल

कैरियर

पंचमकाल की अद्‌भुत देन, कैरियर की ही धुन में रहता हर बच्चा बेचैन।

धोबी हो या नाई, कंडक्टर हो या ड्राइवर

सभी घुले दिन रात कैसे बने बबुआ का कैरियर

सोते जागते, उठते, बैठते जहां देखो कैरियर की ही कहानी है।

डाक्टर, कलैक्टर, इंजीनियर बने बगैर जैसे जीवन बस बेमानी है।

कैरियर का भूत संस्कृति और संस्कारों को भी खा जाता है।

जब बच्चा प्रणाम करना भूल गुड-लक की रट लगाता है।

मां की गोद से असमय बच्चे को झपट कुर्सी-'मेज से चिपका दिया जाता है।

कभी-कभी तो डॉक्टर, इंजीनियर बनने का सपना

बच्चों का टिफिन भी खा जाता है।

कहीं-कहीं कैरियर की चलती दुकानदारी है।

होनहार छात्रों की कभी ना आती बारी है

10 लाख में बने डाक्टर, 5 लाख में इंजीनियर

पैसे वाले रिश्वत दें बनावे बच्चों के कैरियर
गांव में भी फैल रही कैरियर की बीमारी है।
किसान का बेटा भी करता आइ.ए.एस. की तैयारी है।
घर-बैल, खेत सब कैरियर की भेंट चढ़ जाते हैं
कैरियर बनता एक का, बाकी आजीवन फाके करते नजर आते हैं।
कभी-2 तो यह कैरियर फांसी का सबब भी बन जाता है।
परीक्षा में विफल होने पर विद्यार्थी जहर भी खा जाता है।
डिप्रेशन का शिकार तो बच्चा हर घर में नजर आता है।
इस कैरियर ने बच्चों की खुली आजाद सांसों पर लगा रखा है बैरियर
ये हर घड़ी सर पर बोझ लिए फिरे, जैसे टैक्सी चलें विद कैरियर
इसलिए कहते हैं...
कैरियर का सुनहरा जाल बुनों पर फंसों नहीं
अपने अमूल्य जीवन को खुद सांप बन डसो नहीं
खुद सांप बन डसो नहीं

नौरंगीलाल का सपना

गांव की खटिया पर नींदो में देख शहर का सपना
नौरंगी ने सोचा काश। कोई तो हो वहां, अपना
ऊंची इमारत, लम्बी गाड़ी, होटल की तरकारी
मिल जाए तो समझो, चमकी अब तकदीर हमारी।
सपने में ही जा पहुंचा वह शहर हमारे दिल्ली
हुलिया देख शहर वालों ने खूब उड़ाई खिल्ली।
ठगा हुआ वह सोचें गांव में राम-राम करते हैं।
क्या शहर वाले सबको बस घूरते हैं और हंसते हैं
इतने में एक गाड़ी शोर मचाती धुआं उगल गई
नौरंगी की मैली धोती को और मैला कर गई
सीने में घुटन आंखों में चुभन लिए वह सोच रहा था।
बैलों की घंटियों का स्वर, ठंडी हवा, वह सुहाना सफर
गांव का कितना प्रिय था।
प्यास के मारे उसका दम हुआ बेदम
लेकिन पानी बोतल में बिकता देख कर गया दंग।
बोला अरे भईया शहर में तो पानी भी बिकता है

हमारे गांव में तो घी–दूध भी मुफ्त बटता है।
भूख के मारे उसका हुआ बुरा हाल
सपने में ही जा पहुंचा एक होटल, जिसका नाम था नौनिहाल
पहले दरबान ने जरा मुंह था सिकौड़ा
पर जब देखी जेब भारी सैल्यूट था छोड़ा
रूपये 500 में खाई सूखी रोटी, तरकारी
और देखने को मिली मुफ्त अधनंगी नारी।
सफर था अभी लम्बा पर जेब़ थी खाली।
शहर की लम्बी सड़कों ने उसकी हालत पतली कर डाली
उखड़ी हुई सांसे लिए वह पहुंचा उस दर पे
जहां जाने को निकला था अपने गांव के घर से।
जाकर वहां उसने थी उनकी घंटी बजाई
दरवाजा खोला गुस्से में एक औरत थी आई
देखा नहीं क्या? बाहर जो बोर्ड टंगा है
भिखारियों को अन्दर आना सख्त मना है
भिखारियों को...
अच्छा हुआ शहर का सपना
सपने में ही चूर हुआ...
रंगत देख शहर की वह तो
शहर से कोसों दूर हुआ
शहर से...

चौराहा

चौराहे पर जैसे हुई Red Light
आकर रूकी वहां एक Honda City White
Driver उसका अपनी मस्ती में मस्त था
और मालिक पीछे बैठा चिन्ता से ग्रस्त था
इतने में आ खड़ी हुई एक Red Matiz
उसमें बैठे लड़के थे आवारा बदतमीज
लड़कियों को देख सीटी बजा रहे थे।
फिकरें कसे व गंदे गीत गा रहे थे
अचानक आया कहीं से एक स्कूटर वाला
पीक थूक पान की सड़क को रंग डाला
तभी आके रूकी एक गाड़ी Accent
उसमें बैठी युवती ने लगा रखा था सैंट।
एक कुत्ता उसकी गोद में खेल रहा था।
पास रिक्शे में एक बैठा व्यक्ति बोल रहा था।
काश! मैं भी कुत्ता बन इसकी बाहों में समाऊं।
फिर लड्डू का भगवान तुझे परसाद चढ़ाऊं।
आंखों से दिखता था, फिर भी मूंदे अपने नैन

अन्धा बनके भिखारी दौड़ा वहां, जहां खड़ी एक Zen

Zen में सजी नारिया थी किट्टी में जाने को बेचैन।

भिखारी को देख सबने मुंह था बनाया।

गाड़ी का शीशा उन सबने चढ़ाया।

कुछ बच्चे गजरे, गुब्बारे, पेपर बेच रहे थे

एक-दो ने खरीदे बाकी देख रहे थे।

तभी सामने से एक अर्थी थी आई, राम-नाम सत्य की आवाज लगाई।

एक पल को तो सबके दिल से एक आह थी निकली

पर अर्थी के जाते ही दशा मन की फिर बदली।

सिगनल के चौराहे पर होते ही Green

सब अपने वाहन ले भागे 1-2-3

Sale-Sale-Sale

Sale-Sale -Sale

शहरो में हो रही दिन-प्रतिदिन सेलों की रेलम पेल

हर जगह सेल के विज्ञापनों का ही बोलबाला है

अखबार का प्रत्येक पेज इन सेलों ने रंग डाला है

शहर की हर दीवार पर इनका ही अधिकार है

पोस्टर चिपकते ही सेल का, भीड़ का लगता अम्बार है

सेल की भीड़ में अक्सर जेब भी कट जाती है

और किसी-2 महिला की तो चेन भी गुम जाती है

कोई सिर पीटता, कोई थैले घसीटता नजर आता है

पर सेल के बहाने दुकान का कूड़ा भी बिक जाता है,

टी.वी. हो या फ्रिज, कपड़े हो या साड़ी

Sale जूते की हो या कम्बल, फर्नीचर हो गाड़ी

Sale की पर्ची लगते ही सब दीवाने हो जाते हैं

लम्बी-2 कतारों में फिर खड़े नजर आते हैं

कम पैसे दे खुद को Lucky ये समझते हैं

Use कर देख Kwality सिर को अपने धुनते हैं

आज एक कल चार Show-room नजर आते हैं

Sale का बोर्ड लगा लोगों को चूना खूब लगाते हैं

कपड़े जूते की तो बात ही क्या अब तो Gold भी सेल में मिलता है।

खोट मिला ये सोना, महिलाओं की आंख में जंचता है।

सेल-सेल-सेल

शहरों में हो रही, दिन-प्रतिदिन सेलों की रेलम पेल।

किस्सा दहेज का

चोखेलाल पे चढ़ी जवानी, कन्या मिली ना कोई सयानी
चोखेलाल की किस्मत खुल गई, घोड़ी दरवाजे पे चढ़ गई
बहना मुह पर हल्दी लगाए, भाभी ने काजल दिया सजाय
मां ने ली फिर खूब बलाएं, बापू सेहरा गुंथ के लाए
मोहल्ले वाले नाच रहे थे, कुछ बेमतलब झांक रहे थे
जब बारात वधू घर पहुंची, चोखे को तरकीब ये सूझी
दहेज में मैं साईकिल लूंगा। H.M.T. की घड़ी बांधूगा।
5000 का तिलक करो तो, फिर छोरी संग फेरे लूंगा
छोरी के बाप ने हामी भर दी, चोखे की जिद पूरी कर दी।
बहू ले पहुंचा चोखे अपने गांव
मां को बहू देखन का चाव
बहना दौड़ के आरती लाई
भाभी ने दी मुंह दिखाई।
वक्त मुश्किल से गुजर रहा था
चोखेलाल को सब्र कहाँ था
जा पहुंचा पत्नी के पास बातें करनी थी कुछ खास
बोला प्रिय जरा मुख दिखलाओ, चांद को घूंघट में ना छुपाओ
बड़ी मुद्दत में मिली ये घड़िया, इनको यू ना प्रिय गंवाओं

सुन चोखे की मीठी बतिया, बीबी ने खोल दीं तीसरी अंखियां
आंखें तरेरती हुई फिर बोली
और लगाओ मेरी बोली
आजीवन तुम्हें दूंगी गाली
भूलोगे सारी हंसी-ठिठोली
बन कोल्हू का बैल रहोगे
दिन और रात में फर्क न होगा।
सास, ननद संग कलह करूं तो
H.M.T. का फिर क्या होगा।
रोज-रोज की फरमाइशो से हवा तुम्हारी निकल जाएगी
बिना हवा तुम्हारी साईकिल बीच सड़क पर रूक जाएगी
बीच सड़क पर रूक जाएगी।
इसलिए समझाते हैं:-
दहेज मांगना एक अभिशाप है
यह व्यक्ति द्वारा किया गया सबसे बड़ा पाप है
यह समाज में फैल रही छूत की बीमारी है।
आज यहां तो कल हमारी बारी है।
दहेज नहीं बहू घर लाइये
मां, बहन, बेटी, मित्र, सारे संबंधों की पूरक
बहू की यूं, 'बोली' ना लगाइये बोली ना लगाइये।

Zoo की सैर

'टिकट के पैसे बढ़े Zoo के पढ़कर मन में हमने ठानी
घर बैठे कुछ दृश्य दिखाए Zoo के तुमको जानी
मिलें पड़ोसन करे गुटर-गूं चीं-चीं गुड़िया रानी
बंदर की तरह उछल कूद कर बच्चे करे शैतानी
रात को देर से जब घर आते श्रीमान घबराए।
ऐसा लगता देख के चूहा बिल्ली झपट ना जाए।
कालिज में सजी बालाएं-इठलाती इत-उत घूमें
लगता जैसे देख के बादल मोर मगन हो झूमें
सास बदलती रंग गिरगिट से ससुर दुलत्ती झाड़े
ननद बने चालाक लोमड़ीं, बहू बन शेर दहाड़े
उल्लू बन कर करें चौकसी, बूढ़ें नींद में जागे
फिर भी चोर चोरी करके, देखो चीते जैसा भागे
स्वीमिंग-पूल में बत्तख जैसे तैरते देखे गोरे
बन कछुए जो बाहर थे वो थे देसी छोरे
Weight loose की ख्वाहिश ले जब लोग Health Club जाते
देख के उनकी मोटी चमड़ी गेंडे याद आ जाते
मौसम ने है तेवर बदले नया जमाना आया
डमरू बजा-बजा बच्चों ने बना बाप को भालू नचाया

Tourist bus से बाहर निकलते 'नीग्रोंज' को जब देखा
पिंजरा खोल किसी ने जैसे लंगूरों को फेंका
टेढ़ी-मेढ़ी चाल सांप की चलके नेता बनता है
देख चाल नेता की भईया सांप भी सीधा चलता है
Zoo की सैर कराई तुमको घर बैठे मेरे भाई
जब चाहे इसे देखो भईया नोट लगे ना पाई
भईया नोट लगे ना पाई

तोहफे प्यार के

सब देते तोहफे प्यार से इसे रखना जरा सम्भाल के अजी भूल ना जाना

देखो-देखो-देखो भाभी घड़ी है लाई...2

पर इसमें सुई नहीं है भाई...2

बहना लाई है Show-piece पर खोला तो निकले Piece ही Piece

लाकेट ताई का बड़ा भारी...2 हाए सोना नहीं लाकॅ है सारी

दादी Cash का वादा कर गई...2 घर आते ही वह तो मुकर गई

मौसी Shirt Pant है लाई...2 पर वो धोबी के मन भाई

सब देते तोहफे प्यार से...

दोस्त लाए है शाल पश्मीना...2 ओढ़े सर्दी में तो आए पसीना

पैकेट खोला तो देखा रे भईया, अरे क्या देखा?

लुधियाने का माल दे गए, कह कर के पश्मीना, अजी भूल ना जाना...2

सब देते तोहफे प्यार से ...

बुआ ने दिया है एक परफ्यूम...2 उसको लगाते ही सिर गया घूम...2

चाची लाई थी एक टाई, मैचिंग सूट पास नहीं भाई
फूल लाए थे कई पड़ोसी, फूलदान की किसी ने न सोची
नानी लाई थी सिक्के चार, सिक्कों की लॉकर में भरमार
मामी ने एक pen दिया था ink का नामोनिशान नहीं था
अजी भूल जाना ...
सब देते है तोहफे...

शव यात्रा

सुबह सवेरे शोर सुना तो खुल गई नींद हमारी
बाहर निकल क्या देखा? खड़े थे बहुत से नर व नारी
पड़ोस के छज्जुमल की असमय बन्द हुई प्राण-घड़ी
बीवी रोवे, देख के सुबके बाकी खड़ी-खड़ी
शव यात्रा की लोगों पूरी हो गई सब तैयारी
छुट्टी का दिन ले जाने की जल्दी थी बड़ी भारी
पड़ी आवाज कानों में भईया अक्ल गई क्या मारी
कंधे पर ले जाए कैसे लाला ट्रक की सवारी एक बोला
कंधे पर इसको ना बाबा मैं उठाऊं
इसके बोझ में दबकर मुफ्त में कंधे क्यों तुड़वाऊ
आज के दिन ही मरना था क्या? बोला एक रिश्तेदार
छुट्टी की भी छुट्टी कर गया हुआ बेकार इतवार
बीबी सुन्दर जवां है इसकी, बोला एक पड़ोसी
नजर रखी दिन रात साले ने उसकी एक ना सोंची
पतझड़ झड़ा बड़ी मुद्दत में रितु वसन्त अब आई
दिल को मिला दिलदार क्या गम है मौज मनाओ भाई
हांफते हुए दो लोगों ने था, पोंछा अपना पसीना
गाड़ी से पहुंचेंगे अब हम, हमें ठण्डा कोक है पीना
रूक जाते दो दिन ताऊ तुम जल्दी यों न मचाते
हम तो फिर हनीमुन पे ताऊ, पहले ही चले जाते

दो-दिन पहले ब्याह हुआ, कैसी आफत आन खड़ी
हनीमून की टिकटें मेरी जेब में ही हैं पड़ी
भाई थे पर भाई का हक मार गए बड़े भाई
काश कफन में जेब भी होती भर देता मेरे भाई
उधार मांगने की आदत से लाला थे मशहूर
डूबे पैसे मेरे भी भईया, कहने को मैं मजबूर
हक मारकर मर गए जो, वो थे तो भाई तुम्हारे
हजार रूपये की चपत लगा गए, काहे के पड़ोसी हमारे
अरे! काहे के पड़ोसी हमारे।

बैंड बाजा

चढ़ी दूल्हे की बारात, घोड़ी बैंड-बाजा साथ
सज गए दुल्हे संग बाराती चाचा, मामा, संगी साथी।
दूल्हा मन ही मन मुसकाएं सोचे देर ना हाए हो जाए
उसको शादी की थी जल्दी घोड़ी दरवाजे से चल दी
थामी जीजा ने लगाम, दे दो घोड़ी का तुम दाम
देकर नेग थी जान छुड़ाई, आई बहना दौड़ी आई
साड़ी लूंगी रेशम वाली, ठुमक के चल दी घोड़ी हमारी
बैंड बाजा आगे बाजे, बीच में चाचा मामा नाचे
चाची से करते मनुहार, तुम भी नाचो प्रिय एक बार
मामा-मामी को लिपटाते, नश्तर दूल्हे के चुभ जाते
बच्चे टिवस्ट करें इतरावें, डैडी वार-फेर कर जावें
सबको जोश चढ़ा दमा दम, धुन पे थिरक रहे थे कदम
पीछे दूल्हा चढ़ा खिसिआए, मजबूरी थी क्या करें हाए
खिसकी एक कदम बस घोड़ी, रूकती देख के आह थी छोड़ी
आ गए देखो यार, पुराने, पीकर आए थे वो दीवाने
यार के हाथ को पकड़ दबाया, उसने हँस के सिर था हिलाया
देकर नोट था बाजा रोका, कुछ बुजुर्गों ने था टोका
बोले अंकल डांस करेंगे, यार की शादी है मौज करेंगे

नाचें दीवाने मस्ताने, झूमे अलबेले, मस्ताने
बारीश नोटों की वो करते, नोटों पे हैं लोग झपटते
बाजा बाजे ढम-ढम, दूल्हे का जोश हुआ मद्धम
बाजा बाजे ढम-ढम, दूल्हे का जोश हुआ मद्धम।

नजारे इंडिया गेट के

शाम को प्रिय तुम जल्दी आना, इंडिया गेट चलेंगे
देख के चंचल शोख नजारे, हम-तुम मौज करेंगे
थाम के तुमरा हाथ बलम, हम सैर दूर की जाएंगे
एक आइसक्रीम को हम दोनों, साथ पकड़ कर खाएंगे
मखमल का हो हरा बिछौना बस हम दोनों साथ रहें
लब चुप और खामोश रहें बस आंखों ही से बात करें
तभी उसे एक हिचकी आई, मांजी ने आवाज लगाई
बहू जल्दी से खाना बना लो, जीजी है बड़ी दूर से आई
पूरी, हलवा, खीर बनाना, गुड्डु को है इंडिया गेट घुमाना
साथ में रखना एक चटाई भूल ना जाना मेरी दवाई
पानी का तुम थरमस भर लो, प्लेट, कटोरी, चम्मच रख लो
खीरे, टमाटर भूल ना जाना, वहीं काटकर हमें खिलाना
सांस रोक कर सुने ये गाने टूटे सारे ख्वाब सुहाने
इंडिया गेट की बनकर बंदरिया सास की ताल पे नाची बहुरिया
अमर जवान ज्योति सी जल गई मदमाती अलमस्त बदरिया
दिलकश, चंचल, शोख नजारें लेकर उड़ गए सारे गुब्बारे
आइसक्रीम के मस्त चटकारे सारे कड़वाहट कर डारे
भालू बन कर गुड्डु का मामा
इंडिया गेट पे नाच रहा था
हांजी, हांजी करता फिरता
बीबी को बस ताक रहा था
बीबी को बस ताक रहा था

सच या झूठ

बड़े प्रेम से सहलाती बालों को पत्नी बोली
कितना प्यार है प्रियतम हमसे, आज जरा बतलाओं
आंख खोल वह बोला सच बतलाऊं या फिर झूठ
सच बोलूं तो प्रिया मेरी तुम मुझसे ना जाना रूठ
पूछा है तुमने प्यार से इसलिए हिम्मत जुटाता हूं
वरना शादी हुई है जबसे, यह कमबख्त हिम्मत भी
बाहर ही छोड़ कर आता हूं।
जबसे हुई है शादी तुमसे क्या? अपने से भी प्यार करना भूल गया
तुम्हारी फरमाइशों के हिंडोलें में, मैं बिन झोटे के झूल गया
प्रथम मिलन की बेला में, इस दिल ने ली अंगड़ाई थी
जबसे अब तक दिन तो क्या रात को भी नींद ना आई थी
भेंट दूसरी में प्रिया तुमने उंगली मुझे थमाई थी
उस उंगली की अंगूठी में लग गई मेरी दो महीने की कमाई थी
तीसरे साक्षात्कार में तो डोला ही घर पर आ गया
पहले तो घड़ी दो घड़ी में मैं सम्भल भी जाता था

पर यह डोला तो जालिम आजीवन कारावास की सजा सुना गया
तभी से कमर कस कर रोज पीस रहा हूं चक्की
मैं थक चला हूं पर यह निर्दयी कभी भी नहीं थकती
तुम पूछती हो कितना प्यार करते हो? कितना हम पर मरते हो?
अरे! प्यार तो पिस गया चक्की के दो पाटों में
एक कुंवारा शादी करके फंस गया,
कभी ना खत्म होने वाले घाटों में
अब करूंगा प्यार तुम्हें मैं अगले जनम-2
जब तुम सिर्फ तुम होंगी और हम हम ही होंगे सनम
जब तुम सिर्फ...

मेरा देश महान

मेरा देश महान मेरा देश महान
देखना है तो भईया पहुंच जाओ किसी पान की दुकान
मिलेंगे तुम्हे वहां कुछ बच्चे, बूढें और नौजवान
पांच मिनट खड़े रहना वहां खोले अपनी आंख नाक व कान
हिस्ट्री, ज्योग्राफी की किताबें भी उस महानता को कभी ना पढ़ा पाई
जो महानता पान की दुकान पर एक्शन रिप्ले करती नजर आई
कोका-कोला में नौजवान शराब डालकर पीते है
नोटों से जेब भरी रहती, पर अन्दर से रीते हैं
दबा के बीड़ा तम्बाकू का आंख फिर दबाते हैं
उल्टी-सीधी फब्तियां लड़कियों पर कसते नजर आते हैं
''मेरा देश महान, मेरा देश महान
बच्चे, बूढ़े और जवान सब मिलकर दे रहे हैं
इसे महान बनाने में अपना पूरा योगदान''
बुजुर्ग भी देश की समस्याओं से होकर परेशान
चले आते हैं गम भुलाने पान की दुकान
अपने घर के चार बर्तन तो ठीक से रख नहीं पाते

दो-चार सुट्टों में देश की अर्थव्यवस्था को चौपट कर जाते

"मेरा देश महान, मेरा देश महान

बच्चे बूढ़े और जवान सब मिल कर इसे दे रहे

महान बनाने में अपना पूरा योगदान"

बच्चों की भी इस दुकान से पुरानी पहचान है

स्कूल पानी की जगह पैप्सी ले जाने में समझते अपनी शान है

क्यों ना हो यह आग मां की ही लगाई है

क्योंकि दूध की बोतल में पैप्सी डालकर इसी ने इन्हें पिलाई है

बैग में पैन्सिल कम पाउच ज्यादा नजर आते हैं

जब टीचर ने पूछा तो बच्चा बोला

मैडम घर में सब रोटी कम, ये ही ज्यादा खाते हैं गे ही ज्यादा खाते हैं

मेरा देश महान, मेरा देश महान

कलियुग की भाषा

कलियुग की परिभाषा
काटने में हो गए हैं सब निपुण
बात करने में प्रयोग करें दिन रात काटने की ही भाषा
सुबह से ही यह प्रोग्राम शुरू हो जाता है
जब जाते हैं सैर पर, पर रास्ते में कुत्ता काट खाता है।
हाए-हाए करते दौड़े घर की ओर
कूदा पेड़ से एक बन्दर और झपटा खींसे निपोर
देख हमारी हालत तरस उसको था आया
काटने की आदत से भईया कम से कम वह तो बाज आया
दूर से देखते ही हमें बीवी ने थी हांक लगाई
कहां रह गए थे? अब तक जल्दी जा कर देखो
मुन्ना की बस अभी तक क्यों नहीं आई
सांस चढ़ा हुआ था पलट कर देखा तो
ड्राइवर बस लेकर आ खड़ा हुआ था
देर से आने के कारण पूछते ही आंखे तरेर वह बोला,
अपनी मर्जी से आते हैं, मर्जी से जाते हैं
भेजना है तो भेजो वरना हम तो अब जाते हैं।

लंगड़ाते-लंगड़ाते मुन्ने को बस में था चढ़ाया
हमने की बाय-बाय पर वह था बड़बड़ाया
क्योंकि उसका नया बैग मैं नहीं था ला पाया।
घुसते ही घर में रामू को दी आवाज
वह भी कटखने कुत्ते की तरह भौंका,
अभी टाइम नहीं है साहब मेरे पास।
बगल वाले डाक्टर साहब की हमने कॉल बैल थी बजाई
फुंकारते हुए अन्दर से बोले, सुबह सुबह कौन आ मरा
अभी तो मैंने कमबख्त शेव भी नहीं बनाई।
हाए हाए करते हुए इंजेक्शन था लगवाया
घर आकर फिर बीवी को अपना दुखड़ा था सुनाया
पहले तो चमकी फिर बरसी-
सैर के बहाने तुम तो गपशप करने जाते हो
देख कर खुद चलते नहीं कुत्ते पर दोष लगाते हो
आफिस को हो गए लेट स्कूटर था मंगवाया
उसने जा गढ्ढे के पास, जोर से ब्रेक दबाया
और दर्द के मारे फिर मैं बुरी तरह चिल्लाया
बड़े प्यार से कहा भईया देख कर चलो
'सड़क क्या मेरे बाप की है अकड़ के वह बोला

हमने दर्द को सटका बना के थूक का गोला
आफिस पहुंच कर हमने चाय थी मंगवाई
चाय पीने से पहले बॉस ने डांट थी पिलाई
बोले गुर्राकर, सैलरी किस बात की लेते हो,
जब आज का काम कल ही कर के देते हो
लौटते समय फल लेने पहुंचे हम बाजार
वहां भी काट खाने की भाषा का चल रहा था जोर शोर से प्रचार
कोई महिला आलू वाले से भिड़ रही थी
एक सज्जन फल वाले से अड़ रहे थे
फल और सब्जी के भाव तो कम चढ़े
पर वे एक-दूसरे पर बिना भाव के चढ़ रहे थे
सीधी सरल भाषा का एक दम अभाव था।
पूरी जन-जाति पर कुत्तों के पूर्वजों का ही प्रभाव था
कुत्ते का काटना तो एक बीमारी है
पर इंसान का इंसान को काटना एक महामारी है
इंसान का इंसान...

कुर्सी माई

कुर्सी माई, कुर्सी माई, कुर्सी माई, कुर्सी माई
गोद में हमको बिठाले माई, कुर्सी माई, कुर्सी माई,
हम हैं नन्हें बालक तेरे, तरसे आंचल को बहुतेरे
हम ना मांगे दूध-मलाई, दे दे सीट ओ मेरी माई
कुर्सी माई, कुर्सी माई, कुर्सी माई, कुर्सी माई,
घोटालो को घोट के पीवे, मुगली घुट्टी कभी ना भाई
ना तोसे मांगे खेल खिलौने। सिर्फ एक प्लेन दिला दे माई
कुर्सी माई, कुर्सी माई, कुर्सी माई, कुर्सी माई,
स्कूल में म्हारा मन नाही लागे, पार्लियामेंट में करूं पढ़ाई
बस्ता कलम ना भावे मोको सैक्रेटरी म्हारे मन ललचाई
यूनीफार्म में दम सा घुटत है कुरता टोपी है सिलवाई
कुर्सी माई, कुर्सी माई, गोद में हमको बिठाले माई
गोद में देख पड़ोस का ललुआ, नैनं को ना कछु देत सुझाई
देत पछाड़ ससुरन को हमने, जमकर कीनी बाकी धुनाई
हम है तेरे नटखट बालक, जाने हमका सारी खुदाई
कुर्सी माई, कुर्सी माई,
गोद में हमका बिठाले माई

मौसम बड़ा गुलाबी

ओ आया मौसम बड़ा गुलाबी ओ आया मौसम बड़ा गुलाबी
नशे में सत्ता के डूबे हैं नेता बन के शराबी
आया मौसम बड़ा गुलाबी...
सपने में भी कुर्सी देखे, दिन में तो नजर ये आए
चटपटी चाट भी मजा ना देती, ले गई भूख उड़ाए
ओ आया मौसम बड़ा गुलाबी...
सांप नेवले कल तक थे जो, आज बने बड़े भाई
दोनों मिल अब सेंके रोटियां, बाद में हाथापाई
आया मौसम बड़ा गुलाबी, ओ आया मौसम बड़ा गुलाबी
नशे में सत्ता के डूबे हैं, नेता बन के शराबी
मेंढ़क जैसे टुच भईये भी टर्र-टर्र टर्राते
गांधी टोपी पहन पजामा कुरते में इतराते
ओ आया मौसम बड़ा गुलाबी...
उठ बैठी नेता की बीबी बिस्तर पर थी पड़ी
वोट मांग कर नोट भुनालु फिर पहनुं हीरे की लड़ी
ओ आया मौसम बड़ा गुलाबी...
नशे में सत्ता के डूबे हैं, नेता बन के शराबी
टैन्ट, खोमचे, माईक वालों की चांदी है बड़ी भारी

एक इलैक्शन में ब्याह देंगे, अपनी कन्या कुंवारी
आया मौसम बड़ा गुलाबी...
गर्व से सर को उठा के चलते भूखे नंगे बिचारे...2
अपने दिन भी फिर गए भईया, झुकेंगे नेता सारे
भईया मांगेगे भीख ये सारे
भईया मांगेगे...

सुनो सासुजी गया जमाना

सुनो सासु जी गया जमाना बहू पर रौब जमाने का
हाथ में ले लो राम की माला समय आ गया जाने का...2
बहू बनी हूं जिस दिन से एक पल भी ना आराम किया
सपने जो देखे डोली में सबका काम तमाम किया
चाबी तिजोरी की खुद रख ली, मुझे थमाया बेलन था
करी गुलामी सारी उम्र बस जो ना हो जाए वो कम था
चांद सी बहू घर आई मेरे, सुनकर मैं इतराई थी
दर्पण में जी भर के चेहरा, कभी ना मैं देख पाई थी
सुबह से लेकर शाम तलक, रही दौड़ी घर के कामों में
बादल में जा चांद छुपा, मुख देखा एक जमाने में
सुनो सासु जी गया जमाना बहू पर रौब जमाने का
हाथ में ले लो राम की माला समय आ गया जाने का...2
आर्शीवाद तुम्हारे सासु निष्फल और निराधार रहे
दूधो नहो और पूतो फलों के फल एकदम बेकार गए
नहाने की तो बात ही क्या पीने को भी दूध के टोटे थे
पूत मिला बस एक वचन कहे तुमने, वो एकदम खोटे थे

बहू हमारी सुघड़-कमेरी, सुन मैं तो छली जाती थी
जब सास तुम मेहमां बन खुद सोफे में धंस जाती थी
और अपनी सखियों संग तुम तो हंसती और बतियाती थी
मैं चुपड़ी बातों में आकर चाय की ट्रे घुमाती थी
सारी उम्र किया इन्तजार उस शाम का, जब पिया आएंगे
पूछेंगे बस हाल हमारा, घूमने पिया संग जाएंगे
दिन भर जलता बल्ब तुम्हारा रात को फ्यूज हो जाता था
सेवा कर मां की बेटा, कमरे में रात को जाता था
सुनो सासु जी गया जमाना बहू पर रौब जमाने का
हाथ में ले लो राम की माला समय आ गया जाने का...2

काला जादू

बहना बहू ने किया ऐसा काला जादू, ऐसा काला जादू
मेरा बांका कुंवर किया पल में काबू, सखी पल में काबू
पहले हर घड़ी मां की सूरत था तकता
मां के बिना ना कोई था करता
पर जब से बहू है घर आई, ओ राम दुहाई
पूछ बहु से सारे काम करे, बहना काम करे
हरदम सिखा वो इसके कान भरे, सखी कान भरे
सखी बहू ने किया ऐसा काला जादू, ऐसा काला जादू
मेरा भोला कुंवर किया पल में काबू, हां जी पल में काबू
पिता ने पढ़ा इसे योग्य बनाया
कमा-कमा के दिन रात खिलाया
पर, जबसे बहू है घर आई, ओ राम दुहाई
बहू को थमावे अपनी सारी कमाई
मुझको ना देता बेटा एक भी पाई
बहना एक भी पाई
बहना बहू ने किया ऐसा काला जादू, ऐसा काला जादू

मेरा प्यारा कुंवर किया पल में काबू, अरे पल में काबू
सखी बहना को रखता था दिल में बसाए
सदा दिल में बसाए
उसकी हर इच्छा को पूरी करता था ये
हां पूरी करता था ये
लेकिन जब से बहू है घर आई, ओ राम दुहाई
बहन कांटा बन खटके, ये चलता उससे बचके
बस बहू के पीछे दौड़े, फरमाईशों को उसकी ओढ़े
ये हो गया दीवाना, बहू देख ये गाता गाना
तू ही तू, तू ही तू संतरंगी रे-2
तू ही तू, तू ही तू मनरंगी रे-2

हंस ले-गा ले

हंस ले गा ले, धूम मचाले, ना कर कोई गम
इस दुनिया में जीता है वो जो हंसता-हरदम
हंसले-गा-ले...
इस दुनिया...
सूरज देखो हंसता निकले, ले किरणों को संग
चांद हंसे तो चांदनी नाचे, देखो छमा-छम
हंस ले-गा ले...
इस दुनिया में जीता है वो जो हंसता हरदम
फूल बाग के जब-जब हंसते खिलते वन उपवन
भंवरे रस ले प्रेम से उनका झूमें मस्त-मलंग
झर-झर झर-झर, झरने हंसते, बहते नदिया संग
नदिया भी मुस्काती चलती, ले लहरों को संग
हंस ले-गा ले...
इस दुनिया में जीता है वो जो हंसता हरदम
वन में खेलते वनचर...चहकें पंछी मुक्त गगन
ठंडी हवा के झोंके सनन गाते हैं सरगम
काली घटा भी हंसकर चूमे पर्वत का दामन
देख के इनको तू भी हंस ले, भूल जा सारे गम
इस दुनिया में जीता है वो जो हंसता हरदम
हंस ले गा ले, धूम मचा ले
हंस ले गा ले, धूम मचा ले।

हंसना और हंसाना

हंसना और हंसाना
इसमें छुपा हुआ है अनमोल एक खजाना...2
दुख होते पल में हल्के, जरा सोच तू सम्भल के
क्या लाया साथ में था, क्या साथ ले के जाना
बस हंसना और हंसाना
इसमें छुपा हुआ है अनमोल एक खजाना।
रिश्तों में बंध के मानव, महफिल नई सजा ले
हंस खुल के दिल से प्यारे सब फासले मिटा लें।
हंसना है एक टॉनिक तू इसको आजमा ले
निरोगी रहे काया पी कर थकान मिटा ले।
क्योंकि हंसना और हंसाना...
इसमें छुपा है भईया अनमोल एक खजाना
हर काम कर ले हंस के दिन भर तू गुनगुनाना
दिल पर तू बोझ लेकर, जीवन ना यूं बिताना
दिया उस प्रभु ने तुझको अनमोल ये नजराना।
कम पड़ती झोलियां है चाहे जितना भी लुटाना।
सिर्फ हंसना और हंसाना दिन भर तू गुनगनाना।
सूरज उगे है हंसके-हंसके ही शाम आए

सुबह भी देखो हंसके किरणे बिखेर जाए।
बागों में फूल हंसते, पंछी भी चहक जाते
झरने भी शोर करते, हंसते नजर है आते
हिरनों की टोलियां भी अटखेलियां है करतीं
ठंडी हवा भी हंस कर पर्वत से बात करतीं
इसलिए कहते
हंसना और हंसाना...
इसमें छुपा है भईया अनमोल एक खजाना

जीवन का सार

मोह के भूत

मोह के भूत छुपे बैठे हैं घर की हर दीवारों में।
कभी हंसाते कभी रूलाते पतझड़ और बहारों में
मोह की मद को पीकर प्राणी इस दुनिया में आता है
रिश्तों के बंधन में बंध फिर सारी उम्र गंवाता है।
मोह की मदिरा में मानव मन मतवाला बन मिटता है।
जीवन है अनमोल मगर इस बात को कौन समझता है।
मोह कभी बच्चों से करता कभी है मोह कमाई से
कभी मोह बंगले से करता, करता कभी पढ़ाई से
कभी कार को देख अकड़ता, सुंदरता पर अपनी मरता
फैक्ट्री का मालिक बन कर कभी दिन और रात उसी में खटता।
राजा की है जान बसी तोते में, कथा पुरानी है...2
माता-पिता की जान बसे बच्चों में नई कहानी है।
मोह के चश्में पहन के मानव फंस गया अपने जालों में...2
बंगला, फैक्ट्री, कार का मालिक बन्द हुआ। खुद तालो में...2
बन्द हुआ। खुद तालों में...।

चेतना

चित्त की चेतना चेत गई तो चमत्कार हो जाएगा...2
फूल सा हल्का होकर मानव हर पल तू इतराएगा
क्यों बांधे छाती पर पत्थर, इस दुनिया में जीता है...
जिसने फेंक दिए ये पत्थर, वही तो बाजी जीता है
भूल गया तू अपना गुलशन, भटक रहा जंजालों में...2
ढूंढ स्वयं इस बात का उत्तर, बन्द हुआ क्यों तालों में...
खुद का बन कर खुद ही दुश्मन क्यों तू जाल बिछाए रे
ले जाए जो जाल उड़ा के, कोई पकड़ ना पाए रे।
खोल दे दिल के तू दरवाजे, ठंडी हवाएं आने दें...2
आशाओं के दीप जलाले, कुंठाओं को जाने दे...।
चित्त की चेतना चेत गई तो चमत्कार हो जाएगा।
फूल सा हल्का होकर मानव हर पल तू इतराएगा।
मोल ना कोई इस तन का है, रहते इसमें ही भगवान...2
मूल्यवान बन बैठे अन्दर स्वयं ही कर उनकी पहचान
चित्त की चेतना...
फूल सा हल्का...

दिल की गाड़ी

दिल की गाड़ी धक-धक करती धक-धक करती जाए रे...2
क्रोध का इसमें डाल के कोयला क्यों तू तेज भगाए रे...2
इंजन इसका प्राण, प्राण का साथ ना जाए छूट...2
रूक गई अगर एक बार तो भईया Cover ना कोई Route
दिल की गाड़ी...
क्रोध का इसमें...
रिश्ते-नाते, यार, पड़ोसी, सबका इसमें डेरा...2
कुछ बैठे आनन्द मनाते, कुछ ने मुंह को फेरा...2
दिल की गाड़ी...
क्रोध का इसमें...
दुनियां एक है पटरी, जिस पर दौड़ती ये दिन-रात...2
माटी के पुतले में फूंकी जान, तेरी क्या बात...2
दिल की गाड़ी...
क्रोध का इसमें...
मान-अभिमान के चोर भी इसमें जाने कब चढ़ जाते...2
खा जाते दीमक बन दिल को, ज्ञान चुरा ले जाते हैं...2
दिल की गाड़ी...
क्रोध का इसमें...
प्रेम क्षमा के पहिए लगा ले, मंजिल नहीं है दूर...2
पहुंचोगे फिर सही सलामत बन के खुदा के नूर...2
दिल की गाड़ी...
क्रोध का इसमें...

जिव्हा

जिव्हा धर्म करने से कतराती है...
क्योंकि जनम-जनम से ये तो भईया
पाप की ही कमाई खाती है।
निन्दा करने में सुख देती
प्रशंसा में सुकड़ती नज़र आती है।
क्योंकि जनम-जनम से ये तो भईया
पाप की ही कमाई खाती है।
कभी-कभी तो यह इतनी तेज चलती है...2
कि बेचारी आरी भी इसके आगे
सर झुका के पानी भरती है।
बिना घाव किए चोट यूं लगाती है...2
जिसकी दवाई बाजार में भी नहीं आती है।
जब कभी यह अपना रास्ता बदल
गन्ने के खेत में घुस जाती है।
और बरसाती है भूल से मधुर रस की धारा...2
पर जल्दी ही वापस अपने वजूद में आ जाती है
क्योंकि जनम-जनम से ये तो भईया
पाप की ही कमाई खाती है।
जिव्हा धर्म करने से कतराती है...2

खरी कमाई

आदमी है बड़ा बेईमान।
पैसे में है तोलता देखो अपना दीन ईमान...2
भरे हुए भंडार हैं भरता सज रहा सामान
जोड़ रहा रात दिन ना करता एक पल भी आराम
अर्जन करता नाजायज विसर्जन का नहीं ध्यान।
आदमी है बड़ा बेईमान...2
आ गया एक दिन मौत का स्टेशन, श्वास का पहिया जाम...2
काल है डंडा लेकर दौड़ा, पहुंचा उसके धाम।
छोड़ के संगी-साथी उसको, हो गए अर्न्तध्यान।
देख खुल गई आंखें उसकी, पड़ा रहा दिल थाम।
बोला काल मैं तुझे सुनाऊं, जीवन की यह कहानी।
खोदोगे अगर खारा कुआं, कहां से मीठा पानी।
नियम जगत का सीधा-सच्चा बात सुनो मेरे भाई
जो तुम दोगे वहीं मिलेगा, खुदा की यही खुदाई।
धन सुविधा दे पल दो पल की धर्म ही सच्चा साथी
धर्म की पूंजी ही मानव को आनन्दमय कर जाती।
धन की बेल में नाग छिपे थे, देख नहीं तू पाया।
जिनकी खातिर बना तू पापी, साथ नहीं कोई आया।
तुझे दिया यह सुन्दर जीवन जग की शान बढ़ाने को।
बेईमान बन तूने लूटा, हर अपने बेगाने को।

पैर पकड़ कर बोला प्रभु, अब बात समझ में आई
पापी धन कभी साथ ना जाता, धर्म ही खरी कमाई
धर्म ही खरी कमाई

इंसान बनना सीख

इंसान बनना सीख तू भगवान स्वयं बन जाएगा...
फिर जिन्दगी का फलसफा तेरी समझ में आएगा
तू अमानत उस प्रभु की जिसका यह संसार है।
उसकी करूणा और कृपा से चलता यह घर द्वार है।
एक छोटा आशियां सौंपा था तुझको प्यार से
इस चमन को सींचेगा तू श्रद्धा और विश्वास से।
पर नहीं सींचा ये गुलशन तूने अपने प्यार से
क्यों लगा दी आग तूने अपने कटु-व्यवहार से।
बैर के कांटों से तेरा क्या भला हो पाएगा।
इंसान बनना सीख...
फिर जिन्दगी...
अपनो की ही बलि चढ़ाता, ले के अपने स्वार्थ को
इंसा बनके भी न समझा, इसां के तू दर्द को।
गिरते को देकर सहारा जो उठा ना पाएगा।
इस जुबां से प्रेम की बरसात ना कर पाएगा।
वो अरे भगवान क्या इंसान भी न बन पाएगा
शक्ति से ना जीत होती भक्ति में भगवान है
सच्चा सुख प्रभु की शरण में देह में अभिमान है
प्रभु चरण को छोड़ तू अगर गर्व से इतराएगा
तो अरे भगवान क्या इंसान भी ना बन पाएगा।
इंसान बनना सीख तू।
इसांन बनना सीख तू।

नन्हा बालक

अर्थी बनने से पहले जीवन का अर्थ समझ ले...2
बहुत ही सीधा सरल अर्थ है, चाहे तो अभी परख ले।
जन्म हुआ। बिना तेरी रजा के बात समझ में आई...2
उसकी मर्जी वो ही जाने कोई ना जाने भाई।
सूरज निकले उसके दम से वो किरणे बिखराता है।
उसकी कृपा से जुड़ता सबका एक दूजे से नाता है।
रात सुहानी लगे चांद संग वह चांदनियां लाता है।
सुला सृष्टि के जीवों को फिर उनकी थकन मिटाता है।
झरने, सागर, नदी बनाए जग की प्यास मिटाने को
वन, उपवन में फूल खिलाए मन को तेरे लुभाने को।
हवा मुफ्त की बंटे निरन्तर ना कोई उनसा दानी है
धरा में हैं भंडार अन्न के अन्न से ही जिन्दगानी है।
हर पल कर दे उनको अर्पण जिसका यह संसार...2
अपना कह कर क्यों पहने तू बेड़ी बारम्बार।
अपना कह कर ...
बन जा तू एक नन्हा बालक हाथ पकड़ ले उनका तू...2
देख के भोलापन प्रभु तेरा साथ रहेंगे हर पल यूं
जैसे फूल में हो खुशबू
जैसे फूल में हो खुशबू।

जैसी दृष्टि वैसी सृष्टि

पूजा मूरत की नहीं बंदे गुणों की पूजा होती है।
दीपक तो मिट्टी का तन है, जीवन उसकी ज्योति है।
दुनिया मेला नेकी-बदी का पुण्य-पाप दो भाई है...2
सोच समझकर सोच बदल ले सोच ने विजय दिलाई हैं।
गुणों पे दृष्टि रखे अगर तो, पतझड़ में भी बहार दिखे...2
अगर आंख पर काला चश्मा तो हरा रंग काला ही दिखे।
जैसी दृष्टि वैसी सृष्टि, अमिट बात बतलाते हैं...2
गुणों पे दृष्टि रखकर मानव, तीर्थंकर बन जाते हैं।
हर इंसान के गुणों पे दृष्टि रखना अगर तू सीख गया...2
हारे कभी ना तू जीवन में, खोकर भी तू जीत गया...।
कांटों में है खिला फूल, यह देख के हम खिल जाते हैं...2
फूल को देख के खुश होते क्या कांटों को गले लगाते हैं
पूजा मूरत की नहीं बंदे, गुणों की पूजा होती है।
दीपक तो मिट्टी का तन है, जीवन उसकी ज्योति है।

सुख शान्ति

मन खोज रहा खोया-खोया
जग के कण-कण को छान रहा।
सुख शान्ति कहां सुख शान्ति कहां
हर वस्तु देख पहचान रहा
अम्बार लगा धन का घर में
पर फिर भी नींद नहीं आती...2
बाहर ही बाहर खोज रहा
अन्तर में दृष्टि नहीं जाती।
क्या मिल जाता है वह सब कुछ
जिसका उसको अभिमान रहा।
चल पड़ा सफर पर आज अकेले
यहां पड़ा सामान रहा।
आंखे बाहर क्यों देख रही हैं।
मन की निधि मन में खोई है।
सुख-शान्ति विराज रही मन में
दुख बेल व्यर्थ में बोई है।
मन खोज रहा खोया-खोया
जग के कण-कण को छान रहा।
सुख-शान्ति कहां, सुख-शान्ति कहां
हर वस्तु देख पहचान रहा
हर वस्तु...

जीवन एक प्याला

जीवन का हर क्षण अमूल्य हैं
कोई क्षण बेकार नहीं...2
जिस पल प्रभु का ध्यान करे मन
क्या वह क्षण साकार नहीं
कड़वे-मीठे घूंट बहुत हैं
जीवन तो ऐसा प्याला...2
उसे मधुर करने को सोचो
तुमने कितना रस डाला।
वाणी की क्षमता का पगले
तुझको कुछ अहसास नहीं...2
मीठी जग करले मुटठी में
कड़वी में कोई पास नहीं
दुख में भी सुख ढूंढा जिसने
क्या यह दुख की हार नहीं...2
जीवन का हर क्षण अमूल्य है,
कोई क्षण बेकार नहीं।
जिस पल प्रभु का ध्यान करे मन
क्या वह क्षण साकार नहीं...2

मीठी बोली

बोली रे बोली बोली रे बोली
मीठी से मन मधुवन महकें, कड़वी लगे गन की गोली-2
साथ हमारे सदा ये रहती, बन कर सबकी हमजोली।
बोली रे बोली, बोली रे बोली।
रूठे प्रियतम मने शीघ्र ही बोलो प्रेम की जब बोली।
झटपट वे सिनेमा दिखलाए, शॉपिंग भी वे खूब करायें।
मीठी बोली बोल के भइया, सजनी-साजन की हो ली
बोली रे बोली, बोली रे बोली।
सास को मां-मां कहकर बोलो कानो में उनके तुम रस घोलो
अच्छे चटपटे किस्से सुनाओ ना कहना तो भूल ही जाओ।
दिल उनका वश में आ जाए, बहु बिन उनको कुछ न सुहाए।
क्यो कि बोली रे बोली, बोली रे बोली।
मीठी से मन मधुवन महकें, कड़वी लगे गन की गोली।
ननद लगे प्यारी-प्यारी बहना, बोले अगर मीठे-मीठे बैना।
बन जाए वो सखी-सहेली, उसके बिना ना आए चैन हां।
क्योंकि बोली रे बोली बोली रे बोली
सुन के जिस मन-मयूर है नाचे,
संग-संग ये दुनिया डोली।
देवरानी-जिठानी जब बोलें बतियाएं,
व्यंगो के ना तीर चलाएं

मतभेदों को ताक पे रखकर, खूब हंसे और हंसती ही जाए
बोली रे बोली, बोली रे बोली
घण्टी बज गई श्वासों की तो याद रखेंगे तेरी बोली।
सेवक से तुम धीमा बोलो, वाणों मे कर्कशता ना घोलो।
जो चाहो फिर काम करा लो, हर मुश्किल आसान बना लो।
राजा-रानी बनकर डोलो, बोली में अगर मिश्री घोली।
बोली रे बोली, बोली रे बोली।
सम्बंधों को मधुर बनाए,
अमृत-रस छलकाती जाए।
बैर घटे पल-भर में मन का
जब कोई प्यार से गले लगाए
घड़ियां जीवन की कम लगती
जब कोई मीठे बोल सुनाए
सुनके जिसे दिल बाग-बाग हो
बोलो ऐसी ही तुम बोली।
बोली रे बोली।
कभी दर्पण के सामने जाओ
अपनी सूरत झांक के आओ
मधुर वचन की शोभा मुख पर
स्वयं उभरेगी बिना जतन कर।
जीवन का हर क्षण जीवित हो
संग तुम्हारे सदा चलेगा।
मीठी बोली बोलने वाला
सदा रहा है सदा रहेगा
सदा रहा है सदा रहेगा

धर्म सड़क है मकान नहीं

धर्म सड़क है मकान नहीं–2
इस पर चल सकते हो, पर हर जमालो, ये वो मकान नहीं...2
इंसान जब हक जमा–जमा कर इस कदर जम जाता है।
जब धर्म का सच्चा रास्ता ही इसको पिघला पाता है।
और इंसान को उसका असली चेहरा दिखला जाता है।
व्यक्ति फिर फूल सा हल्का हो
अपनी खुद की खोई हुई खुशबू में खो जाता है।
धर्म एक आस्था है श्रद्धा है, विश्वास है।
इसमें परमात्मा का रहता सदा निवास है।
धर्म जोड़ता है, तोड़ता नहीं...2
मंदिर, मस्जिद, गिरजाघर की दीवारों से
अपना सिर फोड़ता नहीं।
धर्म की चादर सफेद है स्याह नहीं
जिसने ओढ़ी वह करता कभी घात नहीं
धर्म प्रेम है, समर्पण है, अहसास है।
ढूंढने की जरूरत नहीं, रहता आसपास है।
बस मन में दृढ़ निश्चय जरूरी है।
निश्चय करले तो पा जाएगा।
वरना जीवन तो फिर भी जीया जाएगा।
अपने मन का कचरा खुद तुझे ही साफ करना है
धर्म के पद–चिन्हों से कोना–कोना भरना है।
धर्म के पद–चिन्हों...

धर्म

धर्म है मानवता का नाम, इसका ना दूजा कोई धाम।
हर क्षण खुद को तू पहचान अपने कर्म पे रखकर ध्यान।
गलती पर तू क्षमा कर सके, दुख में सबके साथ चल सके।
अपने पर हो ना अभिमान, धर्म सरलता का है नाम।
भाव तेरे हो सदा ही निर्मल, क्रोध में बीते ना एक भी पल।
हर लम्हा हो प्रेम में भीगा, बैर-बैरी का पड़ जाए फीका।
ऐसी अगर हो तेरी शान धर्म यही तो है इंसान।
ये तेरी अच्छी सोच में मिलता, मन्दिर से ना कोई रिश्ता।
मन्दिर तो बस अध्ययनशाला, जीवनधर्म की प्रयोगशाला।
इसको जीवन में तू ढाल, राम-रहीम की बनके मिसाल।
धर्म है उस महात्मा का नाम, सब झुक कर करें जिसे प्रणाम।
धर्म हमारे भीतर बसता।
इसका हर मानव से रिश्ता।
धर्म गरीब की आह में दिखता।
दुखिया मां की गोद में पलता।
भाई-बहन के प्यार में खिलता।
मधुर-रिश्तों में खूब छलकता।
धर्म तो है एक ऐसा जाम।
बहके ना कोई इंसान।
धर्म है शुद्ध व्यवहार का नाम
इसका ना दूजा कोई धाम
धर्म है मानवता का नाम
धर्म सरलता का है नाम

कथनी और करनी

कथनी और करनी में लोगो बढ़े निरन्तर दूरी...2
जिसकी वजह से दुनिया लगती कुछ आधी व अधूरी।
जीवन जीना आज बना इंसान की बस मजबूरी।
सच की ताकत क्षीण हुई, ईमान का पहिया जाम हुआ।
भ्रष्टाचार के आगे नैतिकता का काम-तमाम हुआ।
धर्म का झंडा थाम के जो, बाते धर्म की करते हैं।
पर वक्त आने पर ये खुद ही कत्ल करते नहीं झिझकते हैं।
बच्चों को देते जो शिक्षा, वे स्वयं अशिक्षित रह जाते हैं।
जब शिक्षक रिश्वत लेकर के शिक्षा का भाव चढ़ाते है।
वोट की खातिर वादे कर नेता सबको फुसलाते हैं।
कुर्सी मिलते ही ये नेता, फिर रोटी को तरसाते हैं।
करूंगा सेवा आजीवन यह व्रत लें डाक्टर बनता है
उपचार करे वह अमीरों का निर्धन रोगी ही मरता है।
राष्ट्र उन्नति करें यह सपना, ले इंजीनियर निकल पड़े।
हुई राह में नोट की बारिश, नोटों पर वे फिसल पड़े।
दहेज नहीं लूंगी बोली, जब लड़की की थी वो माई।
वक्त आया जब बहु लाने का लिस्ट
उसने भी पकड़ाई।
कथनी और करनी में देखों अन्तर है बड़ा भारी।
कथनी-करनी एक अगर हो तो बदले दुनिया सारी।
बदले दुनिया सारी।

पोजीशन भई पोजीशन

पोजीशन भई पोजीशन भई पोजीशन
पोजीशन के चक्कर में दिन-रात भटक रहा मानव-मन।
पोजीशन भई पोजीशन...
भोजन की जब थाली परसती, कॉल-बैल द्वारे की बजती...
जय-जयकार करें नेता की भीड़ को देख के मूंछ फड़कती।
भोजन से नहीं वोट से भरते पेट बनाते पोजीशन
पोजीशन भई पोजीशन
पोजीशन के चक्कर में दिन-रात भटक रहा मानव-मन।
आधी रात को फोन था आया, पेशन्ट फोन पे था कराहा।
मुझको डाक्टर साहब बचाओ, भगवन मेरे दौड़ के आओ।
सीट छीन भगवानं की डाक्टर अपनी बनावे पोजीशन।
पोजीशन भई पोजीशन...
पहन के काला-कोट इतराते, खरीद गवाह सबूत जुटाते।
मुजरिम घूमे मौज-मस्ती से, निर-अपराध जेल को जाते।
केस जीत मुजरिम का बन गई, वकील बाबू की पोजीशन
पोजीशन भई पोजीशन...
पोजीशन के चक्कर में दिन-रात भटक रहा
मानव-मन।

टी.वी. पर नित ज्ञान बांटते रटा-रटाया पाठ सुनाते
देख भीड़ भक्तों की फिर वो मन ही मन में हैं मुस्काते।
भगवन खड़े लाइन में पीछे, छोड़ उन्हें आगे बढ़ जाते।
जय-जयकार भक्त कर उनकी, खूब बनावे पोजीशन
पोजीशन भई पोजीशन...
पोजीशन भई पोजीशन...

परेशान, परेशान, परेशान

परेशान, परेशान, परेशान।
आधुनिकता की इस दौड़ में हर व्यक्ति फिरे परेशान।
इस दौड़ में दौड़ा-दौड़ा वह भूला अपनी शान।
अपने से नहीं, अक्सर रहता दूसरों से परेशान
देख दूसरों की खुशहाली जेब लगे सदा अपनी खाली
खुशियों से अपनी भागता फिरता होकर के अन्जान।
रहता हरदम ही परेशान।
परेशान, परेशान, परेशान।
आधुनिकता की इस दौड़ में...
देख पडौसी की लम्बी गाड़ी उड़ी पडौसी की नींद बेचारी
नित नए सपनों के जाल पिरोता, हंसना भूल रात-दिन रोता।
परछाईयों के पीछे है दौड़ा बन बच्चा नादान।
फिर क्यों न फिरे परेशान।
परेशान, परेशान, परेशान।
मालिक नौकर से परेशान, चोर लॉकर से परेशान
मम्मी बच्चों से परेशान, बच्चे कैरियर से परेशान
बिल्डर टैन्डर से परेशान, सेठ टैक्स से परेशान
मोटा वेट से परेशान, पिऑन गेट से परेशान
सास बहु से परेशान, बहु सास से परेशान
अरे! मानव परेशानियों को तू परे हटा

परेशानियों में घिरकर जीवन का यूं मूल्य ना घटा।
हर पल हंस कर यू बढ़ाले अपनी शान,
कि तुझे देख हंसता अरे ओ पगले।
परेशानियां भी हो जाएंगी परेशान
परेशानियां भी हो...

बाइस्कोप

बाइस्कोप देखो रे भाई, बाइस्कोप देखो।
बचपन से जवानी तक का खेल करीब से देखो
रे भईया खेल करीब से देखो।
मैंने जबसे खेल यह देखा भूला नहीं जमाना
पाकर सब कुछ खोया हमने, जोडा जो था खजाना।
बाइस्कोप देखो...
नजरों को जरा पास में लाना बचपन का शुरू हुआ फंसाना
मां के आंचल की थी छैय्या, उंगली पिता ने थामी भईया।
ठुमक-ठुमक कर तुम चलते थे, दूध-मलाई चट करते थे।
बचपन के वे खेल-खिलौने, संगी-साथी नरम-बिछौने।
बस्ते में सब बन्द् हो गए, ना जाने सब कहां खो गए।
बचपन देकर मिली जवानी, इसकी कहानी बडी मस्तानी।
सतरंगी सपने दिखते हैं, चांद को भी दिन में तकते हैं
उन बिन कटती नहीं थी रातें, गोद में सर रख करी थी बातें
रात ढली और सुबह हो गयी बोझिल सांसे लिए जवानी।
ना जाने फिर कहां खो गई

बोझ ढोए बन गए थे प्रोढ़ा जिम्मेदारियों का था चादर ओढ़ा
नींद आंखों से कोसो दूर थी, बच्चों की फिक्रों से चूर थी
चक्रव्यूह में फंस गए तुम, कहां से कहां पहुंच गए तुम
अभी तो भईया खेल है बाकी, बूढ़े का पूरा रोल है बाकी।
रात को जाग के खो-खो करता, चोर भी आने से था डरता।
हाथ पैर सब अकड़ गए थे, चारपाई से जकड़ गए थे
आंखों से अब कम दिखता था लाठी से ही बस रिश्ता था।
अपना आपा ही बस तेरा, सब नातों ने मुंह था फेरा।
नए नीड़ की तैयारी थी, आ गई अब तेरी बारी थी
उठ चल नए सफर में राही, कोई ना तुझे पहचाने भाई
कोई ना तुझे पहचाने भाई बाइस्कोप देखो रे भाई...

आंसु माँ के

एक मां के आंसुओं से लिखी, तुम्हें सुनाऊं आज कहानी
आंसु में उसके डूबा सागर, लेकर अपना सारा पानी।
चार बेटों की मां कहलाई, भाग्य पे अपने वो इतराई।
नौ महीने पेट में पाला, सुला गोद में काजल डाला।
झूला बना बाहों का उने, बेटों को था झूला झुलाया।
कांधे चढ़ा खोने के डर से, भीड़ में मेला खूब घुमाया
कभी कमर का घोड़ा बनाके, उसपें उनको सैर कराके
बना कुंवर, था राज कराया
रात को जाग के उन्हें सुलाती, मना के एक-एक कौर खिलाती
मां ने खून का कतरा-2 उन बच्चों के लिए बहाया।
सपने अपने ताक पे रखकर, पढ़ा-लिखा धनवान बनाया
जिनकी खातिर जली रात-दिन उन चिरागों ने उसे जलाया
आया बुढ़ापा, ठूंठ बना तन, बोझ समझ बच्चों ने एक दिन
पन्द्रह-पन्द्रह दिन मां को था, रखने का फरमान सुनाया
लब चुप, आंसू बोल रहे थे, कानों में विष घोल रहे थे।
पन्द्रह दिन का बोझ बनी मां, पोटली लेकर घूम रही थी।

इधर-उधर वो भटकती फिरती, ममता उसकी तड़प रही थी

एक दिन बीच सड़क पर गिर गई, उसको अपनी सुध भी नहीं थी

हिचकी लेकर प्राण थे त्यागे, देख उसे कुछ लोग थे भागे

नाम-पता ना कोई जाने, लावारिस माँ पहुचीं थाने

चार वारीसों की वो माता, लावारिस बन जली विधाता

देखो विधाता की अद्भुत लीला

बेटों के स्वार्थ की खातिर मां की, खत्म हो गई जीवन-लीला

आवेश

मानव-मन का आवेश से जनम-2 का नाता है।
सीधा-सादा व्यक्ति भी क्षण भर में बदल जाता है।
इसके आते ही आंखों पर परदा सा पड़ जाता है।
कुछ सुझाई नहीं देता मन आक्रोश से भर जाता है।
बाद में वह पछताता सिर धुनता नजर आता है।
लेकिन निर्मोही आवेश अपना काम बड़ी चतुराई से कर जाता है।
देर से आने पर जब पत्नी झुंझलाती है
बिना सोचे-समझे खरी-खोटी वह सुनाती है।
लगती थी जो प्रियतमा, रणचंडी बन जाती है।
और गृहस्थी की गाड़ी पटरी से उतर जाती है,
लेकिन असलियत जानते ही वह खूब पछताती है।
पर निर्दयी आवेश के आगे उसकी एक ना चल पाती है।
आवेश सदैव विवेक को हर लेता है।
जरा-जरा सी बात पर नौकर को डांटकर मालिक ब्लड-प्रैशर कर लेता है।

और अपने ह्रदय की कीमती घड़ी को समय से पहले बंद कर लेता है

आवेश में आते ही मानसिकता बदल जाती है।
इंसान की इंसानियत हैवानयित में ढल जाती है।
जीवनभर साथ चले, भरते थे जो दोस्ती का दम
आवेश के आते ही दुश्मनी में बदल जाती हैं
आवेश हमारे खून को घूंट-घूंट पीता है।
जिसने किया काबू वही हर लम्हा जीता है।
इसे अपनी जिन्दगी से निकाल फेंको तुम
ह्रदय की वीणा से निकलेंगी फिर वह सुमधुर धुन
सुनकर जिसे तुम अचरज में पड़ जाओगे
जीवन में फिर कभी पापी, निर्दयी आवेश का जहर
कभी ना घोल पाओगे।
कभी ना घोल पाओगे।

दोस्ती बुढ़ापे से

बुढ़ापा एक बीमारी है
जीवन जीना बन जाता सिर्फ एक लाचारी है
बुढ़ापा बिना प्रयत्न किए चला आता है
व्यक्ति अपनी ही बिछाई शतरंज पर मात खा जाता है।
गम न करो, बुढ़ापे से दोस्ती कर लो-2
जीवन जीने की हर एक अदा बदल लो
सत्तर वर्ष का व्यक्ति जवान सुनकर ना हो तू हैरान
नियम पांच जो रक्खे ध्यान बूढ़ा ना हो वह इंसान
नियम है पहला बड़ा निराला, ना कोई गड़बड़ ना घोटाला
अकड़-मकड़, जिद पी जा ऐसे, जैसे पीता चाय का प्याला
नियम दूसरा बड़ा गुणकारी व्यवस्था बदल दो आहार की सारी
आहार-संतुलित बड़ा उपकारी, जवानों पर पड़ जाओगे भारी
नियम तीसरा बड़ा सुखकारी, प्रातः सैर से भागे बीमारी
योग-ध्यान दो मित्र बना लो, कल नहीं आज ही आजमा लो
नियम है चौथा चिन्ता छोड़ो, भय और क्रोध से नाता तोड़ो

हर पल को जी लो मस्ती से, मस्त हवाओं के संग दौड़ों

नियम पांचवा बड़ा हितकारी, प्रभु से बढ़ाले अपनी यारी

इस यारी में बड़ा मजा है, जीवन वरना सिर्फ सजा है

जीवन वरना सिर्फ सजा है

प्रभु से प्यार

कौन खबर लेगा

चांदनपुर के वासी मैं तो तेरे दरस की प्यासी-2
वीर बिन मेरी महावीर बिन मेरी
कौन खबर लेगा री सखी मेरी कौन खबर लेगा
नित्य सखी प्रभु दर्शन जाऊं.... 2
मूरत निरख आनन्द मनाऊं... 2
घनन-घनन घंटा बजाऊं
हाथ जोड़ प्रभु शीश झुकाऊं
क्योंकि वीर बिन मेरी महावीर बिन मेरी
कौन खबर लेगा री सखी
मेरी कौन खबर लेगा
चांदनपुर के वासी...
वीर बिन मेरी....
सखी अक्षत पुष्प नैवेद्य चढ़ाऊं...2
झूम-झूम मैं तो चंवर ढुलाऊं..2
सांझ ढले प्रभु आरती गाऊं
एक पल ना उनको बिसराऊ
क्योंकि वीर बिन मेरी महावीर बिन मेरी
कौन खबर लेगा री सखी
मेरी कौन खबर लेगा
चांदनपुर के वासी...
वीर बिन मेरी...

मन बने मधुवन

तुम हमारे थे प्रभु जी, तुम्हारे हो, तुम हमारे ही रहोगे
ओ मेरे भगवन
हम तुम्हारे थे, प्रभु जी हम तुम्हारे हैं, हम तुम्हारे ही रहेंगे।
ओ मेरे भगवन
आसरा मिल जाए प्रभुवर, हो जीवन पावन
और बहे करुणा का जल तो मन बने मधुवन
चरणों में झुक जाए प्रभु स्वीकार करो वन्दना
हम तुम्हारे ही रहेंगे ओ मेरे भगवन
तुम हमारे थे प्रभु जी, तुम हमारे हो तुम हमारे ही रहोगे
ओ मेरे भगवन
हम तुम्हारे थे प्रभु जी हम तुम्हारे हैं हम तुम्हारे ही रहेंगे।
ओ मेरे भगवन
शांत छवि प्रभु देख तुमरी, शांत हुआ मेरा मन...2
धन्य हो खुश हो के झूमूं, आए घर भगवन
दे-दो शुभ आशीष हमें तुम ओ मेरे भगवन
तुम हमारे ही रहोगे ओ मेरे भगवन
हम तुम्हारे ही रहेंगे। ओ मेरे प्रभुवर

नाता प्रभु से

प्रभु के चरणों में जिस दिन से दिल लगाया है
भुला के खुद को प्रभु हमने तुझको पाया है...2
थपेड़े आंधियों के हम ना झेल पाए थे।
दु:खों से सहमे रहे मौत से घबराए थे
जुड़ा है नाता जबसे
जुड़ा है नाता जबसे आपसे हमारा है
हुआ है रोशन मन क्योंकि अब तुम्हारा है।
प्रभु के चरणों में...
भुला के खुद को...
देख जग की चमक मन तो भटक जाता था
दौड़ता-फिरता रहा चैन ये ना पाता था
समाई जब से प्रभु,
समाई जब से प्रभु शांत छवि तुम्हारी है
चमक से आपकी, फीकी चमक से सारी है
प्रभु के चरणों में ...
भुला के खुद को ...
सुबह से शाम तक जीवन जीया दुविधाओं में
उम्र निकली मेरी खुद अपनी ही चिन्ताओं में
पकड़ के बांह जबसे
पकड़ के बांह जबसे आपने उबारा है

भंवर में नाव थी, अब मिल गया किनारा है

प्रभु के चरणों में ...

भुला के खुद को...

ना चांदी ना सोना

ना मैं मांगु चांदी प्रभु जी ना मैं मांगु सोऽना
ना मैं मांगु हीरे मोती ना जग ये सलोऽना
मैं तो मागुं आज ये भगवन...
मैं तो मांगु आज ये भगवन तेरे मन का कोऽना
ना मैं मांगु चांदी...
ना मैं मांगु हीरे-मोती...
तेरी दया से आज मिला है यह तन और यह आत्मा
इसमें बसा दो मेरे प्रभुवर, शुद्ध-सरल तुम भावना
दुनिया बदली आज मेरी तुम साथ जो मेरे होऽना
मैं तो मांगु आज ये भगवन तेरे मन का कोऽना
ना मैं मांगु चांदी...
यूं तो मिले हैं मुझको प्रभु जी, संगी-साथी अपने
साथ चले है लेकर हम सब ढेर सारे सपने
दुनिया बदली आज मेरी तुम, साथ जो मेरे होऽना
मैं तो मांगु आज ये भगवन तेरे मन का कोऽना
ना मैं मांगु चांदी...
कभी हुए परेशान दुखों से कभी हंसे मुस्काऽए
जीवन के दिन इन झोंको को सहते हुए बिताऽए
चोट लगे ना अब मेरे भगवन
चोट लगे ना अब मेरे भगवन बाहें थाम लोऽना
ना मैं मांगु चांदी...
मैं तो मांगु आज ये भगवन तेरे मन का कोऽना

प्रीत प्रभु से

प्रभु से प्रीत कर ले मधुर संगीत भर ले...2
वो तो रहता तेरे साथ ओ इंसान रे
जिसे ढूंढे मन्दिर में वो भगवान रे।
हर धड़कन में बसती उसकी जान रे,
बन्द नैनों से उसे पहचान रे।
प्रभु से प्रीत कर ले मधुर संगीत भर ले...2
मीठी बोली से बढ़ती उसकी शान रे
ऐसे प्राणी का करे वे सम्मान रे।
प्रभु से प्रीत कर ले मधुर संगीत भर ले...2
अच्छी सोचों में बैठा उसको मान रे।
इतना सस्ता ना लागे कोई दाम रे।
प्रभु से प्रीत कर ले मधुर संगीत भर ले...2
शुभ कर्मों में थामे तेरा हाथ रे।
सदा चलते ना करे कमी घात रे।
प्रभु से प्रीत कर ले मधुर संगीत भर ले...2
जिप काया का करें तू अभिमान रे
दिया सबको उसी ने यह वरदान रे।
प्रभु से प्रीत कर ले मधुर संगीत भर ले।
चमका स्वयं को अभी से खुद को मांज रे।
खींचे आएंगे वो तो तेरे सामने
प्रभु से प्रीत कर ले मधुर संगीत भर ले...2
प्रभु से प्रीत...

लोरी त्रिशला मां

बादलों में छुप जा चंदा, लेकर अपनी चांदनी
मेरे चांद के मुख के आगे फीकी है तेरी चांदनी
बादलों में छुप...
तारों तुम लेकर जमीं पर अपनी चादर आओ ना
तारों तुम...
तन है कोमल लाल का तुम उससे लिपट जाओ ना
बादलो में छुप...
मेरे चांद के मुख...
ओ पवन के झोंके रूक जा...
ओ पवन के झोंके रूक जा ना हिला तू डोरियां
कुंवर मेरा अभी है सोया सुनके मां की लोरिया।
बादलों में छुप...
मेरे चांद के मुख...
अलकें चूमे मुख को तेरे, लाल मैं भी चूम लूं।
अलके चूमे...
जागे ना अभी वीर मेरा कुछ घड़ी तो झूम लूं
बादलों में छुप जा चंदा लेकर अपनी चांदनी।
मेरे चांद के मुख के आगे फीकी है तेरी चांदनी।

जीयो-जीने दो

हम आ गए शरण तिहारे, श्रद्धा-सुमन के भाव हमारे
प्रभु स्वीकार कर लो, प्रभु स्वीकार कर लो...2
शान्ति का संदेश तुम्हारा, जीयो-जीने दो का नारा...2
प्रभु मन शांत कर दो, अरज स्वीकार कर लो
प्रभु स्वीकार कर लो
द्वेष में समता भाव जो रखते वे ही तीर्थंकर है बनते
जग के इस शत्रु का भगवन, तुम संहार कर दो
अरज स्वीकार कर दो
हम आ गए शरण तिहारे, श्रद्धा सुमन के भाव हमारे
प्रभु स्वीकार कर लो, प्रभु स्वीकार लो।
सुन जिनवर की मृदु वाणी, सिंह संग पीती बकरी पानी-2
मधुर व्यवहार भर दो, अरज स्वीकार कर लो।
प्रभु स्वीकार कर लो।
त्याग की महिमा प्रभु सिखाना बांट के खुशीयाँ खुशी मनाना...2
यह भगवान वर दो अरज स्वीकार कर लो।
हम आ गए शरण तिहारे, श्रद्धा सुमन के भाव हमारे
प्रभु स्वीकार कर लो प्रभु स्वीकार कर लो।

वरदान दो

हमको भगवन आज तुम बस इतना वरदान दो
हम बने एक अच्छे इन्सां इतना हमको ज्ञान दो।
हमको भगवन...
हम बने...
हर कदम बढ़े उस दिशा में जिसमें तेरा वास हो...2
मुश्किलें हो जाएं आसां मन में यह विश्वास दो
हमको भगवन...
हम बने...
तुमने जीता जग को भगवन, हार कर कोमल बदन...2
और दिया संदेश सबको प्रेम का शत्-शत् नमन
आज मुझको भी प्रभु
आज मुझको भी प्रभु उस जीत का वरदान दो।
मैं भी बस जीतू दिलों को ऐसा मुझको दान दो।
हमको भगवन...
हम बने...
तुमने देखा इस जहां को शांत निर्मल भाव से...2
शेर भी सम्मुख तुम्हारे घास खाता चाव से
दे दिया उपदेश भगवन्
दे दिया उपदेश भगवन शान्ति का शत्-शत् नमन
आज हमको भी प्रभु उस शान्ति का वरदान दो

हम चले परछाई बनके आपकी प्रभु थाम लो

हमको भगवन...

हम बनें एक अच्छे इन्सां इतना हमको ज्ञान दो

पावन-प्रतिमा

महावीर की पावन प्रतिमा आज मेरे मन भाई सखी
देख के उनकी मोहनी मूरत मैंने सुध बिसराई सखी।
महावीर की पावन प्रतिमा, महावीर की पावन प्रतिमा।
कमल नयन क्यों बन्द वीर के
आज तुम्हें समझाती हूं
आत्म सुखों में लीन नाथ हैं
यहीं समझ मैं पाती हूं।
महावीर की पावन प्रतिमा, महावीर की पावन प्रतिमा।
नासा पर क्यों दृष्टि प्रभु की
आज यह बात बताती हूं
देख रहे प्रभु स्वयं को स्वयं ही
संगी न कोई साथी हैं
महावीर की पावन प्रतिमा, महावीर की पावन प्रतिमा।
हाथ पे हाथ क्यों खाली भगवन
मैंने प्रभुवर जान लिया...2
त्याग के तुमने जग का वैभव
भव-सागर को पार किया
महावीर की पावन प्रतिमा, महावीर की पावन प्रतिमा।
महावीर की पावन प्रतिमा आज मेरे मन भाई सखी
देख के उनकी मोहनी मूरत मैंने सुध बिसराई सखि

आनन्द-रस

सबसे न्यारा प्रभु जी का प्यारा वो ही है बन पाए
जग का मेला एक झमेला जिसे नजर है आए
पंछी और परदेसी भईया किसी के मीत ना होवे
आज यहां वे दाना चुगते, कल कहीं और है सोवे।
सबसे न्यारा...
जग का मेला...
जीवन एक है गाड़ी जिसमें मिलते मीत पुराने...2
दिल का जिनसे रोग लगा कर फंस गए सभी सयाने
कुछ बिछड़े बस चार कदम चल कुछ थोड़ा साथ निभाते...2
मंजिल पर पंहुचे सब तन्हा, बेगाने बन जाते।
सबसे न्यारा...
जग का मेला...
अपना-अपना पार्ट करें सब, जग ऐसी नटशाला...2
खेल में खोकर रोज है रोता, हंसता बन मतवाला
भुला के सुध अपनी हमने हाए ये है क्या कर डाला
मन की निर्मलता को खुद ही कालिख से रंग डाला
माता-पिता हो प्रभु तुम मेरे, तुम्ही मेरे सखा हो...2
आनन्द रस बरसे मुझ पर भी
तेरी यदि कृपा हो
प्रभु जी तेरी यदि कृपा हो
भगवन तेरी बड़ी कृपा हो
गुरुवर तेरी यदि रजा हो

उस पार

वीर आंखों में बस गए, हम तो भवसागर तर गए...2
टूटी थी नाव हमारी, हम तो उस पार उतर गए...2
बहुत बेचैन था यह मन फीके लगते थे सब रंग...2
वीर की प्रीत में रंग गए बिना श्रृंगार संवर गए
टूटी थी नाव हमारी, हम तो उस पार उतर गए।
अकेले दम घुटता था, हर घड़ी मन भटका था...2
वीर सांसों में बस गए बन के मधुमास महक गए
वीर आंखों में...
टूटी थी नाव...
डरे से हम जीते थे, भरे थे फिर रीते थे...2
वीर सोचों में बस गए, आनन्द घन-घोर बरस गए।
टूटी थी नाव हमारी, हम तो उस पार उतर गए
मोह में पिसे रात दिन, शान से बोझिल तन-मन...2
मन के सब तार सुलझ गए, उनकी हर बात समझ गए
टूटी थी नाव हमारी हम तो उस पार उतर गए
टूटी थी...
हम तो उस पार उतर गए...

झोली आज भर ली

ज्ञान सुधा के सागर भर दो ज्ञान से मेरी गागर
मैं तो धन्य हुई तुम्हें पाकर, झोली आज भर ली।
मैंने आज भर ली...
आ गई मैं तो तेरे द्वार, छोड़ के पीछे घर-संसार
पा लिए सुख के सब भंडार, झोली आज भर ली
हां जी आज भर ली।
मन्दिर तेरा भव्य निराला, मूरत ने जादू कर डाला।
मोहे मन मेरा मतवाला, झोली आज भर ली।
नैया पार कर ली।
घण्टें बाज रहे घननं झूमें धरती पवन गगन
इन्द्र भी आकर करे न्हवन झोली आज भर ली
मैंने आज भर ली
हो रहे नत-मस्तक नर-नार देव भी करते जय-जयकार
बरसे प्रभु तुम्हारा प्यार, झोली आज भर ली।
ओ हो आज भर ली।
गूंजे मंत्र नमो-नवकार जिसकी महिमा अपरम्पार
करता जग का जो उद्धार, मन में बात धर ली
नैया पार कर ली।
ज्ञान सुधा के सागर, भर दो ज्ञान से खाली गागर
मैं तो धन्य हुई तुम्हें पाकर, झोली आज भर ली
मैंने आज भर ली

आना मोरे गांव

प्रभु आना मोरे गांव, गलियन सुनी पड़ी...2
मैं तो देखूं थारी राह वीरा खड़ी-खड़ी...2
मोरी सुध तुमने बिसराए दई...2
थारो पता ठिकानो म्हारे पास नहीं...2
मैं तो देखूं, मैं तो देखूं थारी बाट कबसे खड़ी-खड़ी।
म्हारे अंगना में झांझर बाज रही...2
हो के मस्त प्रभु जी मैं तो नाच रही...2
मोरी सुध तुमने बिसराए दई
थारो पता ठिकानो म्हारे पास नहीं
मैं तो देखूं, मैं तो देखूं थारी राह वीरा खड़ी-खड़ी।
म्हारे अंगना में ढोलक बाज रही...2
मैं तो अपलक तुमको निहार रही
मोरी सुध तुमने बिसराए दई
थारो पता ठिकानो मेरे पास नहीं
मैं तो देखूं मैं, तो देखूं थारी बाट वीरा खड़ी-खड़ी।
म्हारे द्वारे पे नौबत बाज रही...2
लिए हाथों में दीप मैं नाच रही
मोरी सुध तुमने बिसराए दई
थारो पता ठिकानो म्हारे पास नहीं
मैं तो छोडूं, मैं तो छोडूं ना तेरी आस भगवन
मैं तो अड़ी
तुम आना मोरे गांव गलियन सुनी पड़ी
मोरे नैन जगे दिन-रात हर पल घड़ी-घड़ी।

शत्-शत् प्रणाम

चंदा जैसा बनकर चमके चारो दिशाओं में जिनका नाम...2
जय बोलो सब मिलकर उनकी वो हैं चन्द्र प्रभु भगवान
देख लो अगर एक बार ध्यान से इनकी प्रतिमा सच तू मान...2
ना रहे कोई कष्ट न चिन्ता, दुख का मिट जाए नामोनिशान
मात लक्ष्मण के वे दुलारे, महासेन नृप पिता महान...2
चन्द्रपुरी में झूले पालना...
चन्द्रपुरी में झूले पालना, देविया गावे मंगलगान
चन्दा जैसा बनकर...
जय बोलो सब मिलकर...
देख के रूप इन्द्र भी झूमे देव करे, जिनको गुणगान
अमृत रस झड़ता तन से हैं, जिनकी सम्पदा केवल ज्ञान
देख लो अगर एक बार ध्यान से इनकी प्रतिमा सच तू मान
ना रहे कोई कष्ट ना चिन्ता, दुख का मिट जाए नामोनिशान
धन्य-धन्य वे मात-पिता, जिनकी तुम जैसी हो संतान।
त्याग के वैभव राजपाट सब, निकले पड़े तप करने ध्यान।
हम सब शीश झुका चरणों में शत्-शत् तुमको करे प्रणाम।
हमको भी प्रभु राह दिखा दो
हमको भी प्रभु राह दिखा दो, हो जाए सबका कल्याण
चंदा जैसा बनकर चमके...
जय बोलो सब मिलकर...

नया सवेरा

टूट-टूट कर बिखरे सब जन, जीवन बस लाचारी है।
कहां हो तुम महावीर हमारे, अरज करें नर-नारी हैं।
टूट-टूट कर बिखरे जन।
भाग रहा मन, चैन ना एक क्षण जीत के बाजी हारी है
आ जाओ महावीर हमारे विनती करे नर-नारी है।
टूट-टूट कर बिखरे जन।
प्रेम से प्रेम की बात नहीं बस लगा रहे चिंगारी हैं
तिल-तिल कर जल रहे निरन्तर रात बड़ी अंधियारी हैं
कहां हो तुम महावीर हमारे, अरज करे नर-नारी हैं।
टूट-टूट कर बिखरे जन।
द्वेष के नाग से घायल चिन्तन, सज गई चिता हमारी है।
खो गई खुशबू आत्मसुखों की सूखी हरी फुलवारी हैं
आ जाओ महावीर हमारे शरण में हम नर-नारी हैं
लेकर अब अवतार प्रभु जी इस दुनियां में आओ तुम...2
जलता मेरा घर मेरे भगवन, फिर से आज बचाओ तुम
नया सवेरा लाओ तुम
नया सवेरा लाओ तुम

सच्चा-सुख

सुन-सुन मेरे भगवन, सुन लो विनती हमारी
मिले सच्चा सुख जो, नाथ कृपा हो तुम्हारी-2
हम नित श्रृंगार बदलते हैं
फिर भी ना प्रभु हम सजते हैं
तुम बिन श्रृंगार सजे कैसे?
सब त्याग के भी यूं हंसे कैसे?
प्रभु राह दिखाकर, दुविधा मिटा दो सारी
मिले सच्चा सुख जो, नाथ कृपा हो तुम्हारी-2
हमने हर रस का पान किया
फिर भी न प्रभु मन शान्त हुआ
तुम बिन रस कैसे जिए भगवन
ना भुख और प्यास से व्याकुल मन
हमे राज बता दो, नमन करे नर-नारी
मिले सच्चा सुख जो, नाथ कृपा हो तुम्हारी-2
हमें नरम बिछौने मिलते हैं
फिर क्यों रातो को जगते हैं
तुम नाथ शिला पे विराज रहे,
जाने कितने तुफां आए-गए?
कैसे अचल, अडिग खामोश रहे?
यह राज बता दो, आ जाओ अवतारी

मिले सच्चा सुख जो, नाथ कृपा हो तुम्हारी-2

हम साथ में सबके रहते हैं

फिर भी क्यों डरे से रहते हैं

तुम एक अकेले ही प्रभुवर

ना चिन्ता कोई ना कोई डर

हमें राह दिखा दो भटके है हम संसारी

मिले सच्चा सुख जो, नाथ कृपा हो तुम्हारी-2

बन्नी-बन्ने का सजा संसार

प्यार की पहली नजर

सुनो सुनो री सखी सुनो सुनो बहना...2
जिस दिन से मिले पी से मोरे नैना...2
मैका लगता बेगाना, मुझे देस पिया के जाना...2
सुनो-सुनो री सखी पास आओ री सखी
अब-बस सूरत उनकी भाए...2
उन बिन जिया मेरा घबराए...2
बनके बावरी इत-उत डोलू...2
हाए। कहां भेद जिया के खोलूं...2
मोबाइल से की कभी बातें...2
इंटरनेट पर की मुलाकाते...2
भेजा एस.एम.एस पर प्यार
फिर भी दिल था बेकरार
कभी था फोटो रखा सिरहाने...2
हम तो हो गए उनके दीवाने..2
कब आएंगे दिन वो सुहाने
होगा उनका दीदार
डालेंगे बाहों के हार।
सुनो...सुनो री सखी, सुनो-सुनो बहना
सुनो-सुनो री...

सिपइया

ता...था...थैया...थैया...सजन मेरी थाम लो बईयां
ता...था...थैया...थैया...
तुम्हें देखा है जबसे करूं क्या हाए री दईया...2
रहुं मैं गुमसुम गुमसुम हंसाता मेरा भईया
ता...था...थैया...थैया...
मैं हो गई तुमरी सजन जी करेगा अब क्या सिपइया
तुम्हें चाहा है जबसे करूं क्या हाए री दईया...2
उड़ी नैनों की निंदिया, लोरियां गावें मैया
ता...था...थैया...थैया...
मैं हो गई तुमरी बलम जी करेगा अब क्या सिपइया
तुम्हें चाहा है जबसे करूं क्या हाए री दईया...2
विदा अब कर दो बाबुल पड़ू मैं तो तेरे पईया
ता...था...थैया...थैया...सजन मेरी थाम लो बईयां
मैं हो गई तुमरी बलम जी करेगा अब क्या सिपइया

हम तो चले ससुराल

मैं तो सजना के घर जाऊंगी
ओ मैं तो बलमा के घर जाऊंगी
मां घर सोऊं देर तलक वहां सुबह सवेरे उठ जाऊंगी
यहां जिम-एक्सरसाइज करूं, वहां पूजा-पाठ रचाऊंगी
स्कर्ट-जीन्स मैं पहनूं-यहां वहां ओढ़ घूघंट शरमाऊंगी
ओहो बलमा के घर जाऊंगी
मैं तो सजना के घर जाऊंगी
केक-पेस्ट्री यहां खूब उड़ाई वहां रोटी सेक कर खाऊंगी
मां ने उठाए मेरे सौ-सौ नखरे, ननद के नखरें उठाऊंगी
हां जी प्रियतम के घर जाऊंगी
अकड़-मकड़ कर चलूं यहां, वहां सास के पैर दबाऊंगी
तेरी गलियों से उठा बसेरा, मैं तो पिया जी के घर बस जाऊंगी
मैं तो सजना के घर जाऊंगी
हां जी बलमा के घर जाऊंगी

पिया का संदेस

गोरी की पायल ने शोर ये मचाया रे
संदेस आया पी का संदेस आया
गोरी की पायल...
संदेस आया
उंगली में अंगूठी, अंगूठी में नगीना...2
अब, प्रिय हमको है साथ-साथ जीना
खन-खन-खन खनके है गोरी तेरा कंगना...2
महकती रहो सदा हमरे अंगनवा
गोरी की पायल ने शोर ये मचाया रे
संदेस आया पी का संदेस आया
गले में है सोहे गोरी ये हार प्यारे...2
हम हुए तुम्हारे गोरी, तुम हुए हमारे
गुन-गुन-गुन बोले है ये तुमरा झुमका...2
नींद उड़ी मेरी क्या चैन गया तुमरा
गोरी की पायल...
संदेस आया...
चम-चम-चम चमके है गोरी तोरा टीका...2
चंदा भी लागे मोहे आज फीका-फीका
चंदा भी लागे मोहे...
गोरी की...
संदेस...

गली सजना की

मम्मी की बेटी चली-चली, मम्मी की बेटी चली-चली
इसे भाए सजना की गली गली...2
चेहरे की रंगत खिली खिली...2
हुई कंचन काया धुली-धुली...2
मम्मी की बेटी चली-चली, मम्मी की बेटी चली-चली
इसकी सास जो लगती है भली-भली...2
पर उसके आगे किसी की एक ना चली
मम्मी की बेटी चली चली, मम्मी की बेटी चली चली
ओ इसकी ननद है थोड़ी चुलबुली...2
सबको नाच-नचाए बना कठपुतली
सारा घी वो उड़ाए कर टेढ़ी उंगली
मम्मी की बेटी चली-चली, मम्मी की बेटी चली-चली
हाए, इसकी जिठानी कैसी मनचली...2
सब दौड़े आगे-पीछे जैसे गुड़ की डली
देख गोरी के हार वो तो जली-जली
मम्मी की बेटी चली-चली, मम्मी की बेटी चली-चली

हल्दी लगाओ

देखो चिड़िया बोली चीं-चीं-चीं, देखो चिड़िया बोली चीं-चीं-चीं

जरा दौड़ के आओ तुम चाची...2

मुझे मेंहदी लगाओ तुम चाची

मुझे कंगना पहनाओं तुम चाची

सुनो कोयल बोली कुहु-कुहु-कुहु, सुनो कोयल बोली कुहु कुहु कुहु

जरा दौड़ के आओ तुम ताऊ

जरा पास तो आओ मेरे चाचु

मुझे हल्दी लगाओ प्यारे चाचु

मुझे दही तो लगाओ तुम ताऊ

देखो कबूतर बोले गुटर गूं, हां जी वो तो बोले गुटर गूं

अब दौड़ के आना भाभी तुम

मेरी मांग सजाना भाभी तुम

मुझे हार पहनाओ मौसी तुम

और झुमके पहनाओ बुआ तुम

मुझे चुनरी ओढ़ाओ मैया तुम

सुनो चकोर बोले पी पी पी सुनो चकोर

बोले पी पी पी

अब जल्दी से सजना आओ जी

मुझे अपनी दुल्हनियां बनाओ जी

मुझे अपनी दुल्हनियां बनाओ जी

मेरे भईया भरियो भात

रस्ता देख रही है बहना, उसके खोज रहे हैं नैना
आ गया शुभ दिन अब क्या कहना कि
भईया आएंगे, प्यार बरसाएंगे, भात संग लाएंगे
मंगल कलश धराऊंगी मैं, बंदनवार लगाऊंगी मैं
आ गया शुभ दिन अब क्या कहना कि
भईया आएंगे, फूल बिछ जाएंगे, चुनर संग लाएंगे
मोतियन चौक पुराऊंगी मैं, चन्दन-चौकी बिछाऊंगी मैं
आ गया शुभ दिन अब क्या कहना कि
भईया आएंगे, कंगन संग लाएंगे भात संग लाएंगे
आरती-थाल सजाऊंगी मैं, माथे तिलक लगाऊंगी मैं
आ गया शुभ दिन अब क्या कहना कि
भईया आएंगे हार संग लाएंगे झूम हम गाएंगे
शरबत उन्हें पिलाऊंगी मैं, सारी थकन मिटाऊंगी मैं
आ गया शुभ दिन अब क्या कहना कि
भईया आएंगे हम तो खिल जाएंगे, भात संग लाएंगे
उनकी नजर उतारूंगी मैं, मोती उन पर वारूंगी मैं
आ गया शुभ दिन अब क्या कहना कि
भईया आएंगे भात संग लाएंगे प्यार बरसाएंगे
चुनर संग लाएंगे
हार संग लाएंगे
कंगन संग लाएंगे
हम तो खिल जाएंगे

वर माला

आओ-आओ री सखी, सुनो-सुनो री सखी, पास आओ री सखी

देखो-देखो री सखी जरा गोरी के गाल, हां-हां गोरी के गाल

आज गोरी के गालों पे बिखरा गुलाल, आज बिखरा गुलाल

हाए मारे शरम के, गोरी हुई लाल-लाल, हां जी देखो लाल-लाल

आओ-आओ री सखी झूमों-गाओ री सखी, पास आओ री सखी

सुनो सुनो री सखी जरा इसके दिलकी बात ओ हो इसके दिल की बात

बड़ी मुद्दत में आई ये नसीबों वाली रात, बड़ी दिलकश ये रात

आज सजना से करनी है मीठी-मीठी बात कुछ खट्टी मीठी बात

झूमों-झूमों री सखी, गुनगुनाओं री सखी, खिलखिलाओं री सखी

देखो-देखो री सखी जरा गोरी की साड़ी, हां हां झिलमिल सी साड़ी

साड़ी में लगती जैसे राजकुमारी, ओ हो राजकुमारी

सुनो-सुनो री सखी, नाचो-नाचो री सखी, ढोल बजाओं री सखी

देखो-देखो री बहन जरा दूल्हें का सूट, वाह वाह दूल्हे का सूट

सूट ने किया प्यारी, दुल्हन को शूट, हां जी दुल्हन को शूट

सुनो-सुनो री सखी, सोचो-सोचो री सखी, कुछ तो बोलो री सखी

आओ देखो री सखी आज दूल्हें की चाल ओ जी मतवाली चाल

लगता है जैसे ये हो रांझा-महिवाल, बना रांझा-महिवाल बना रांझा-महिवाल

तारों सजी डोली

तारों सजी डोली में हो के सवार रे
गोरी चली अब तो देखो साजन के द्वार रे
तारो सजी डोली में...
गोरी चली अब...
माथा चूमे टीका और गले सजे हार रे
बन्नों चली बन-ठन के प्रियतम के द्वार रे
झूमका-झूमे कानों में खनके कंगना हाथ रे
लाडो चली अब तो देखो पिया जी के साथ रे
तारो सजी डोली...
गौरी चली अब...
माथे पे बिंदिया सजी चुनरी लाल-लाल रे
गुड़िया चली अब तो मेरी बलम जी के पास रे
पैरों की पायल ने छेड़ें, दिल के तार रे
बन्नी चली ठुमक, ठुमक सजना के साथ रे
तारों सजी डोली...
गुड्डो चली अब तो देखो साजन के साथ रे

मैं ना जाऊं रे

लाडो हो जाओ तैयार डोली आ गई तुमरे द्वार
तुमको जाना है ससुराल जल्दी आ जाओ
ओ, जल्दी आ जाओ
मैया सुनले मेरी पुकार मैं हूं तेरे गले का हार
डोली रख दो तुम कहार, मैं ना जाऊं रे
ओ हो, मैं ना जाऊं रे
पापा की मैं बिटिया प्यारी, फिर क्यों कर दी यह तैयारी
मैं ना जाऊं रे...2
अम्मा बाबा को समझा लो, अपनी गुड़िया कहीं छुपा लो
मैं ना जाऊं रे...2
लाडो हो जाओ तैयार, डोली आ गई तुमरे द्वार
तुमको जाना है ससुराल, जल्दी आ जाओ
ओ जल्दी आ जाओ
चाचा की मैं लाडो रानी, सुनी थी उनसे रोज कहानी
फिर क्यों हो गई मैं बेगानी मैं ना जाऊं रे
ओ मैं ना जाऊं रे
डाले मैं हाथों में हाथ, खेली भईया तुम्हारे साथ
फिर क्यों छोड़ दिया मेरा हाथ मैं ना जाऊं रे
मैं ना जाऊं रे...

कैसी मेंहदी रचाई

कैसी मेंहदी रचाई मैया जी, पल में आज कर दी पराई मुझको
कैसी मेंहदी रचाई...
तेरी सांसों में बसती थी मैं...
ओ तेरी सांसों में बसती थी मैं, दे दी क्यों दिल से जुदाई मुझको
कैसी बिंदिया लगाई मैया,
कैसी बिंदिया लगाई मैया जी पल में आज कर दी पराई मुझको
तेरे आंगन की चिड़िया थी मैं,
ओ तेरे आंगन की चिड़िया थी मैं, दे दी आज फिर क्यूं विदाई मुझको
कैसी मांग सजाई मैया
कैसी मांग सजाई मैया जी पल में आज कर दी पराई मुझको
तेरे आंचल से लिपटी थी मैं
ओ तेरे आंचल से लिपटी थी मैं, आज क्यों छोड़ा अकेला मुझको
कैसी चुनरी ओढ़ाई मैया, जी पल में आज कर दी पराई मुझको
ब्याह गुड़ियों का करती थी मैं,
ओ ब्याह गुड़ियों का करती थी मैं, आज क्यों गुड़िया बनाई मुझको
उम्र भर मैं तो हसंती रही

उम्र भर मां मैं हंसती रही
आज क्यों इतना रूलाया मुझको
कैसी मेंहदी रचाई मैया जी पल में आज कर दी पराई मुझकों
तेरी सांसों में बसती थी मैं,
तेरी सांसों में बसती थी मैं
दे-दो क्यों दिल से जुदाई मुझको

बाबुल की गली

डोली वाले रूक जरा, जी भर के सब निहार लूं
गली में बाबुल की मैं, कुछ पल तो और गुजार लूं
डोली वाले रूक जरा
देख मेरा आंगन जो, जान से भी प्यारा था
बहन–भाई संग खेल, यहां बचपना गुजारा था
मन में बसा लूं यादें कुछ लम्हे तो उतार लूं
गली में बाबुल की मैं, कुछ पल तो और गुजार लूं
डोली वाले रूक जरा
देख यह गली यहां मंदिर हमारा है
सबके साथ मिल यही प्रभु वीर को पुकारा है
शीश झुका वीर को मैं...
शीश झुका वीर को मैं, कुछ घड़ी पुकार लूं
गली में बाबुल की मैं, कुछ पल तो और गुजार लूं
डोली वाले रूक जरा
देख मेरा घर, जहां मैं हंसती–रूठ जाती थी
सुनाती थी लोरिया मां हाथ से खिलाती थी
लाडली मैं बन पिता की झूम झूम जाती थी

उनकी प्रेरणाओं से सपने मैं सजाती थी
आंचल में भर के सारे
आंचल में भर के सारे, फूल मैं सम्भाल लूं
गली में बाबुल की मैं, कुछ पल तो और गुजार लूं
डोली वाले रूक जरा
डोली वाले रूक जरा

छांव आंचल की

आंचल की छांव में मां लोरियां सुनाती है
रातों को जागती खुद पर इन्हें सुलाती है
देख इनकी सूरत वह, खुद को भूल जाती है
बेटी फिर क्यों ससुराल चली जाती है
पापा की उंगली पकड़ चलती इतराती है
उनकी प्रेरणाओं से ऊँची शिक्षा पाती है
जीवन के सपनों में रंग भरती जाती है
बेटी फिर क्यों ससुराल चली जाती है
बाबा के कांधे चढ़ी नखरे ये उठवाती है
अम्मा से रोज खीर हलवा ये बनवाती है
चाचा की बातें सुन मस्त हुई जाती है
बेटी फिर क्यों ससुराल चली जाती है
भाई-बहन संग मिल खेल नित रचाती है
दौड़-धमक करके खूब रौनके बढ़ाती है
बेटी फिर क्यों ससुराल चली जाती है।

उत्तर

दीपक से दीप जले तो ही घर चमकता है
माली का फूल कहीं और ही महकता है
यही इस संसार की उत्तम व्यवस्था है
बेटी इसलिए ससुराल चली जाती है
पहले थी फूल, अब माली बन जाती है
बेटी इसलिए ससुराल चली जाती है

राजकुंवर

छैल-छबीला बन्ना मेरा बन्नी राजकुंवर
नैनन बीच छुपालुं इनको लग ना जाए नजर
मैं तो वारी जाऊं रे, ओ हो बलिहारी जाऊं रे...2
बन्ना मेरा चांद-सलोना, बन्नी चन्द्र किरन
आंचल में छुपालुं इनको, लग ना जाए नजर
मैं तो वारी जाऊं रे, ओ हो बलिहारी जाऊं रे...2
परियों का शहजादा मेरा, बन्नी लाल परी...2
ब्याह के घर लाएंगा अब तो आ गई शुभ ये घड़ी
मैं तो वारी जाऊं रे ओ हो बलिहारी जाऊ रें...2
छैल-छबीला बन्ना मेरा बन्नी राजकुंवर
नैनन बीच छुपालुं इनको लग ना जाए नजर
मैं तो वारी जाऊं रे, ओ हो बलिहारी जाऊं रे...2
बन्ना मेरा प्यारा गुड्डा बन्नी गुड़िया रानी...2
देख के इनकी सुन्दर जोड़ी, भर आया आंख में पानी
छलकी खुशियां बन के पानी
मैं तो वारी जाऊं रे, ओ हो बलिहारी जाऊं रे...2

राम जाने

जब से नैन हुए दीवाने, बन्ना बस बन्नी पहचाने...2
उसके नैन लगे हैं शराबी
बिन पिए हो गया ये तो शराबी
वो जिसके नैनों में इतना दम है
जो ना हो जाए वो अब कम है
अब क्या होगा राम ही जाने, बन्ना बस बन्नी को जाने...2
कभी ये गरदन पे है अटका
जुल्फों में उसकी जा लटका...
देखे टुकुर-टुकुर ना माने
अब क्या होगा राम ही जाने...2
उसकी कमर के देख के झटके
बनकर मतवाला खुद मटके
उड़ गए होश ये एक ना माने
अब क्या होगा राम ही जाने
अब क्या होगा राम ही जाने...

नटखट बन्नी

मेरे बन्ने की बन्नी है नटखट बड़ी...2
सबको पानी पिला दे खड़ी ही खड़ी...2
मेरे बन्ने की बन्नी है नटखट बड़ी
बोले ससुर जग़ चाय बनाना, बहु चाय बनाना
उसमें जरा सी बहु अदरक मिलाना हां जी अदरक मिलाना
ढांप के मुंह उसने ओढ़ी रजाई...हांजी ओढ़ी रजाई
ओढ़ रजाई वही से बुड़बुड़ाई
सर में दरद है मेरे ससुरजी तुमको तो अपनी चाय की पड़ी
मेरे बन्ने की बन्नी है नटखट बड़ी, ओ हो नटखट बड़ी
वो तो पानी पिला दे, खड़ी ही खड़ी
सास ने बन्नी को बड़े प्यार से पुकारा बड़े लाड से पुकारा
किचन में बंटा दो बहु हाथ हमारा बहु हाथ हमारा
पर्स झुला के बोली बन्नी, मम्मी क्लब मुझको जाना है
पीजा-बर्गर खाऊंगी मैं तो फ्रैंडस मेरी बाहर हैं खड़ी
मेरी बन्नी है देखो बहना नटखट बड़ी
सबको नाच नचा दे खड़ी ही खड़ी

भाभी डियर कह, देवर इतराया, हां जी बड़ा इतराया

संग तुम्हारे भाभी जाऊंगा पिक्चर, अभी सज के आया.

हाथ नचा बन्नी बोली देवरजी, टिकट तुम्हारा भईया दो ही है लाया

हां जी दो ही है लाया

संग बलम के चली अकड़ वो तो

टूटी हाए सपनो की लड़ी

मेरे बन्ने की बन्नी है नटखट बड़ी...2

सबको पानी पिला दे खड़ी ही खड़ी

चटोरी बन्नी

बन्नी हमारी बहना बड़ी चटोरी, हां जी बड़ी चटोरी
वो तो खीर भी खाए तो चार कटोरी, हां जी चार कटोरी
मन्दिर गई थी एक दिन सासु के संग, हां जी सासु के संग
देखा चाट का ठेला लगा पैरों को जंग, उसके पैरों को जंग
मंदिर चलेंगे मम्मी बाद में खालें पहले गोलगप्पे और चाट पापड़ी
मेरे बन्ने की बन्नीं है बड़ी चटोरी, सखी बड़ी चटोरी
वो तो हलवा भी खाए तो चार कटोरी, सखी चार कटोरी
बोले ससुर, बहु डाक्टर के जाना, हां जी डाक्टर के जाना
खांसी बहुत है दवा जाकर लाना, दवा जाकर लाना
रास्ते में Shop एक पेस्ट्री की आई, हां पेस्ट्री की आई
भुली दवाई लाकर पेस्ट्री थमाई, बहना पेस्ट्री थमाई
खाकर के देखो डियर ससुर जी, पेस्ट्री है देखो टेस्टी बड़ी
बहना बन्नी हमारी तौबा बड़ी चटोरी...
वो तो रबड़ी भी खाए तो चार कटोरी-बहना चार कटोरी
सुनो एक दिन की बात, सखी एक दिन की बात
जाड़े की थी वो रात, बहना सर्दी की रात

हुआ शोर था भारी, हां जी शोर था भारी
बन्नी ढूंढो हमारी, बन्नी ढूंढो हमारी
देखा किचन में तो पी रही थी पैप्सी
और मुसकाए खड़ी-खड़ी
बन्नी हमारी देखो बड़ी चटोरी, वो तो बड़ी चटोरी
हां जी बड़ी चटोरी

झिलमिल चुनरिया

मेरी बन्नी की झिलमिल चुनरिया रे...2
इसे लागे ना ही बैरी नजरिया रे...2
बुने हर एक धागे में सपने हजार...2
रंग सूरज से उसका मैं लाई उधार...2
फूलों की खुशबू इसमें मिलाई सखी
महकी बन्नी मेरी शरमाई सखी
मेरी बन्नी की झिलमिल चुनरिया रे
इसे लागे ना ही बैरी नजरिया रे
चम-चम करते सितारे हैं करते पुकार...2
आसमां से मैं उनको भी लाई उतार...2
जड़ा चुनरी में उनको है प्यारी सखी
दम-दम दमकेगी बन्नी हमारी सखी
मेरी बन्नी की झिलमिल चुनरिया रे
इसे लागे ना ही बैरी नजरिया रे
चांद को छोड़ चांदनियां आई सखी...2
इसमें ठंडक उसी की समाई सखी
चांद से मुख पे छाई बहार सखी

ये चुनरी नहीं मेरा प्यार है सखी
मेरा सपना हुआ साकार सखी
मेरा सपना...

गोरे बन्ने को और गोरा बनाएं

मेरे बन्ने का बड़ा नाजुक बदन, बड़ा नाजुक बदन
देखे जो चांद छोड़ जाए गगन...2
वैसे तो गोरे हैं मेरे कुंवर जी, हां मेरे कुंवर जी
फिर भी न रह जाए कोई कसर जी हां कोई कसर जी
दूध से आज हम इनको नहलाए, हां इनको नहलाएं
गोरे बन्ने को और गोरा बनाए, आज गेारा बनाए
वैसे तो निखरे है मेरे कुंवर जी, हां मेरे कुंवर जी
फिर भी ना रह जाए कोई कसर जी, हां कोई कसर जी
आओ मले इन्हें हल्दी चन्दन बना उसका उबटन
निखरेगा बन्नी का प्यारा सजन, उसका सोना बलम
मेरे बन्ने का बड़ा नाजुक बदन, बड़ा कोमल बदन
देखे जो चांद छोड़ जाए गगन...2
वैसे तो चिकने हैं मेरे कुंवर जी, हां मेरे कुंवर जी
फिर भी ना रह जाए कोई कसर जी, हां कोई कसर जी
तेल, दही आज इनको लगाए, आज इनको लगाएं
खुशबु से मेंहदी की महक-महक जाए, देखो कैसे इतराएं
मेरे कुंवर का बड़ा...
देखे जो चांद जो जाए गगन, छोड़ जाए गगन

घोड़ी शगुनों वाली

घोड़ी सज गई शगुनों वाली, आओ नाचे बजा के ताली
शुभ दिन आ गया, ओ मन हर्षा गया
बहना मोतियन थाल भराओ माथे मंगल तिलक लगाओ
शुभ दिन आ गया, जिया भरमा गया
घोड़ी द्वार खड़ी मतवाली, आओ नाचे बजा के ताली
शुभ दिन आ गया, ओ मन हर्षा गया
भाभी दौड़ के काजल लाना, इसको अंखियों बीच सजाना
शुभ दिन आ गया, नयन छलका गया
बुआ नजर उतारो जल्दी, मौसी इठलाती हुई चल दी
शुभ दिन आ गया, खुशी बरसा गया
घोड़ी सज गई शगुनों वाली, आओ नाचे बजा के ताली
शुभ दिन आ गया, आंगन रस छा गया
अम्मा फूली नहीं समाई, आशीषों की झड़ी लगाई
शुभ दिन आ गया, जिया भरमा गया
मामी मंगल गीत तो गाओ, नानी वारफेर कर जाओ
शुभ दिन आ गया, ओ शुभ दिन आ गया
शुभ दिन आ गया

मेरी गुड़िया

मेरी बन्नो की सज रही अटारी है
अब तलक थी हमारी, अब तुम्हारी है
मेरी बन्नो की सज रही अटारी है
मेरी बगिया की है ये तो नाजुक कली-2
छोड़ अंगना हमारा, संग तुम्हारे चली-2
इसको पलको पे रखना ये तुम्हारी है
मेरी बन्नो की सज रही अटारी है
मेरी गुडिया की बोली मधुर रस की धारा-2
जिसे गुंजा सदा मेरा आंगन द्वारा-2
इसको मन में बसाना ये तुम्हारी है
मेरी बन्नो की सज रही अटारी है
मेरी बिटिया ने पहना सदा सादगी का गहना-2
जिसका मोल नहीं कोई मेरी प्यारी बहना-2
इसकी चमक सदा यूं ही बनाएं रखना
बनके मैया यशोदा संग तुम रहना
बनके मैया यशोदा संग तुम रहना

उत्सव है लाते ठंडी बयार

उत्सव

उत्सव हमारी जिन्दगी का विशिष्ट अंग है
इसके अभाव में जिन्दगी एक दम बदरंग है
पुरातन, सस्कृति का सूचक है उत्सव
टूटे रिश्तों को फिर से जोड़ता है उत्सव
आस्था में हमारी जोश भरता है उत्सव
उत्सव एक जुनून, एक सामूहिक आयोजन है
हर उत्सव को मनाने का एक विशेष प्रयोजन है
जिन्दगी की गाड़ी बिना रूके, जब झींकती सी चलती है
पर्व की रंगीनियां ऐसे में स्पीड-ब्रेकर का काम करती है
जीवन के मधुरतम क्षण शोर, और, बोर में ना गुजर जाए
आओ हम सब मिलकर सारे उत्सव बड़े जोश से मनाए
शहरों में उत्सव का रंग ही निराला है
नित नए फैशन का पार्टी में बोलबाला है
डिस्को, गरबा, डांडिया का शोर हर ओर है
कीमती उपहारों को बाटने की होड़ है
सुन्दर पवित्र रिश्ते मन से बहुत दूर है

घुटन लिए फिरते, पर हंसने को मजबूर है
खोखले ये उत्सव शहर में बहुत मशहूर है
''उत्सव तो गांव की हवेली में मना करते थे...
जहां नित नए पकवान थालों में सजा करते थे
गुंझियां, कचौड़ी, बर्फी घर पर बनाई जाती थी...
अतिथि को बाजार की नहीं, घर की खिलाई जाती थी...
मुहल्ले की ननद-भावजें ठिठोली कर मटकती हैं...
तश्तरी ढक रूमाल से वे घूमती थिरकती थी
धानी चूनर ओढ़ गोरी इस तरह शरमाती थी
देख उनको, उत्सव की, रौनकें और भी बढ़ जाती थीं।

नव वर्ष

ओ देखो-देखो नया वर्ष आया, देखो नया वर्ष आया
खुशियों की सौगातें लेकर सबके घर आया
ओ देखो-देखो नया वर्ष आया
रूठे मीत सब मिले प्रीत से, यह संदेशा लाया
घर-घर में हो प्रेम की वर्षा, शान्तिदूत आया
ओ देखो-देखो नया वर्ष आया...2
मन के अन्धेरे दूर हुए सब ज्योति कलश लाया
झूमो नाचो संग आज ये, साज संग लाया
ओ देखो-देखो नया वर्ष आया देखो-देखो नया वर्ष आया
खिल गया गुले-गुलजार दिलों का शुभ प्रभात आया
हर दिन हो त्योहार खुशी का ये अमर गीत गाया
ओ देखो-देखो नया वर्ष आया
देखो-देखो नया वर्ष आया
खुशियों के सौगातें लेकर सबके घर आया
आओ झूमें नया वर्ष आया
नाचो गाओं नया वर्ष आया
नया वर्ष आया

सुनहरा सपना नव-वर्ष का

नव-वर्ष के शुभ प्रभात का रूप नया होगा
जब व्यक्ति के अर्न्तमन का स्वरूप खिला होगा
जन-जन में जब प्रेम की धारा का प्रवाह होगा
नए वर्ष के प्रथम-दिवस का तभी जनम होगा
जब व्यक्ति के अर्न्तमन का स्वरूप खिला होगा
हर घर हो तनाव मुक्त, ना चिन्ता का सबब होगा
देश रहे खुशहाल, अन्न से मन भरा होगा
नए वर्ष के प्रथम दिवस का तभी जनम होग
बहू-बेटियों का दामन, न कभी दागदार होगा
शुभ-संस्कारों का घर में जब पुर्नजन्म होगा
नए वर्ष के शुभ प्रभात का तभी जनम होगा
जब व्यक्ति के अर्न्तमन का स्वरूप खिला होगा।

ख्वाब

चलो सुनहरे ख्वाब सजाएं मिलकर साथी हम-2
आने वाले कल में ना हो कोई रंज और गम
ओ साथी ना कोई रंज और गम-2
फिर से गूंज उठे घर-आंगन, आओ करले प्रण-2
कदम-कदम से मिले तो, मंजिल पर पहुंचेंगे हम
आस का दीप जलाए हम-2
नई उमंगे, नए हौसले साथ जगाएं हम-2
आज ताल पर थिरकेंगे, सब झूमे तन और मन
मचाएंगे हम बस हुड़दंग-2
चलो सुनहरे ख्वाब सजाएं मिलकर साथी हम
मिल कर साथ चले हम सब तो ना कोई रंज और गम
ओ साथी ना कोई रंज और गम-2
प्रेम की धार से सीचेंगे हम फिर अपना गुलशन-2
नया साल खुशियों से भर देगा सबका दामन
सुखी हो हर एक जन भगवन्, सुखी हो हर एक जन भगवन्
खिलेगा फिर अपना गुलशन
खिलेगा फिर अपना गुलशन

Valentine's Day

वेलेनटाइन-डे का इन दिनों चढ़ रहा बुखार है
हर कोई कर रहा इस दिन का इंतजार है
रूठे प्रेमी खिंचे चले आते एक फूल से
वर्ष भर चाहे चुभते रहते हो शूल से
जगह-जगह गिफ्टों के लगे, अम्बार है
गिफ्ट दे माशूक को 'किस' करते बार-बार हैं
कुछ मनचले गुब्बारे से बने दिल को फोड़ते हैं
फिर ठंडी आहें भर कश सिगरेट के छोड़ते हैं
प्रेम के इजहार का यह दिन बड़ा आशिकाना है
बच्चे, बूढ़ें और जवान सभी को यह दिन
Compulsary मनाना है
So, हमारी श्रीमति जी भी सब्जी की डलिया में एक अधमरा सा
गुलाब का फूल ले आई
पहले तो बड़े प्यार से Happy Valentine's Day बोली
फिर गुस्से से तमतमाई
आज तो मरे गुलाब सेव से भी मंहगे हो गए

इस फूल के चक्कर में मेरे फल भी रह गए
पर Valentine's Day तो आज मनाना ही था।
इस दिन को कौन सा रोज रोज आना था
Valentine's Day पर आज Dear हम भी धूम मचांएगे।
हो जाओ तैयार प्रिय हम डिनर बाहर ही खाएंगे
इस दिन की खातिर आप हमको साड़ी भी दिलवाएंगे
पीट कर अपना माथा 'मिस्टर' बोले हे भगवान
जेब भी खाली, दिल भी खाली,
प्रेम-परीक्षा का यह तुमने कैसा लिया इम्तहान
प्रेम-परीक्षा...

फागुन आया रे

फागुन आयो रे, ओ फागुन आयो रे...2

मदमाती अलमस्त रितु का मौसम छायो रे, ओ फागुन आयो रे

सतरंगा-संसार, सजा दिलदार, मेरा मन झूम के गायो रे

ओ फागुन आयो रे

करने नया शृंगार धरा भी हो गई है तैयार ओ फागुन आयो रे

लौट चले घर पंछी सजना सजा रहे घर द्वार

ओ फागुन आयो रे, फागुन आयो रे

मदमाती अलमस्त रितु का मौसम छायो रे, ओ फागुन आयो रे

लग गए मेले गांव-गांव अब सज गए हम दिलदार फागुन आयो रे

आ संग झूमे और बढ़ाले प्रेम की पींग ओ यार फागुन आयो रे

इठलाती बलखाती कमर मेरी लचके सौ-सौ बार फागुन आयो रे

ओ फागुन आयो रे, फागुन आयो रे

मदमाती अलमस्त रितु का मौसम छायो रे, ओ फागुन आयो रे

रंग दे मेरी धानी चुनर, गालों पर मल दे गुलाल, फागुन आयो रे

सखी सहेली करे ठिठोली, मन खिल जायो रे फागुन आयो रे
मदमाती अलमस्त रितु का मौसम छायो रे, ओ फागुन आयो रे
ठण्डी-ठंडाई, गुंझिया मिठाई मन ललचायो रे
ओ फागुन आयो रे
ढोल-मंजीरे बाजे ताल पे नाच रहे नर नार
फागुन आयो रे
फागुन आयो रे
फागुन आयो रे

प्रेम रंग होली का

श्याम सलोने की सुन के आहट, राधा दौड़ी झटपट
देखो आ गए कन्हाई...2
छुप ना सकोगी राधा खेले होली होली ब्रज में हो ली
छोड़ू मैं ना कलाई...2
कृष्ण मेरे मैं हूं नाजुक गोरी ना कर जोरा-जोरी
काहे पकड़ी कलाई...2
राधे रानी तेरे गोरे हैं गाल आजा मल दूं गुलाल
लाली मन को है भाई, ओ लाली मन को है भाई
श्याम सलोने की सुन के आहट राधा दौड़ी झटपट
देखो आ गए कन्हाई
छुप न सकोगी राधा, खेले होली, होली ब्रज में हो ली...
छोड़ू मैं न कलाई...
नटखट गोपाल मेरी बाली उमर मेरी भीगी चुनर
लाज मुझको है आई...2
राधा तू सुन मेरी बंसी की धुन, बोले राधा-मोहन
तू है मेरी परछाई
ओ तू ही मेरी परछाई

रंगों में तू इन उमंगों में तू
तू ही रहती सदा मेरे दिल में समाई
ओ मेरे दिल में समाई
होली तो है राधा एक बहाना, हमें जग को बताना
ओ हमे जग को बताना
फीका पड़े ना कभी प्रेम का रंग, ऐसा रंग ही लगाना
फीका पड़े ना कभी प्रेम का रंग, ऐसा रंग ही लगाना
हां ऐसा रंग ही लगाना
ओ ऐसा रंग ही लगाना
श्याम सलोने...

शिव रात्री

आया सावन का महीना भोले-भुलो तुम कभी ना
आया सावन का महीना
हम तो आए तेरे द्वारे नैना एक टक तुझे निहारे
तेरी भोली सूरत प्यारी, सुध-बुध खो गई भोले हमारी
बेड़ा पार कर दो, प्रभु उद्धार कर दो
आया सावन का महीना भोले-भूलो तुम कभी ना
तेरे दर्शन को हम आए घन घन घन घन घंटा बजाए
दूध से तुमको न्हवन कराके, माला फूलों की पहना के
चंदन खुशबू से महकाके, करते तेरा शृंगार
भगवन् आ जाओ एक बार
आया सावन का महीना, शिव मेरे भूले तुम कभी ना
आया सावन का महीना...
आरती गाकर तुम्हें रिझाएं, शंख बजाकर तुम्हें जगाएं
फल का तुमको भोग लगा के, पा लिया प्रभु तुम्हारा प्यार
शंकर आ जाओ एक बार
तुमको वंदन बारम्बार
तुमको नमन हो बारम्बार
कर दो हम सबका उद्धार

बरखा बहार

सखी बरखा की आज मीठी लागे है झड़ी ओ मीठी लागे है झड़ी
भोजे चुनरी हमार अंगिया तारों जड़ी भीजे चुनरी हमार अंगिया तारो जड़ी
नभ कारे बदरवा ने ढांप लियो रे, सखी ढांप लियो रे
चमके बिजुरी तो तन म्हारो कांप गइयो रे
सखी बरखा की...
भीजे चुनरी हमार अंगिया तारो जड़ी
नन्ही बुंदियों से जीया मा भी हूक उठी रे ओहो हूक उठी रे
मस्त हो के कोयलियां भी कूक उठी रे
सखी बरखा की...
भीजे चुनरी हमार अंगिया तारो जड़ी
झूले अमवा की डार पे हैं डार दिया रे ओ झूले डार दियो रे
आओ झूले सखी री सावन आए गइयो रे
सखी बरखा की...
भीजे चुनरी हमार अंगिया तारो जड़ी

संग सावन के मोर आज नाच रइयो रे, सखी नाच रइयो रे
जैसे खुश होके वो भी खुशी बांट रइयो रे
सखि बरखा की...
भीजे चुनरी हमार अंगिया तारो जड़ी
इन्द्र राजा ने प्यार बरसाए दियो रे, बरसाए दियो रे
सात रंगों का थामे धनुष आए गइयो रे
सखी बरखा की...
भीजे चुनरी हमार अंगिया तारो जड़ी
निखरा जोबन जमीं का मन झूमे गइयो रे
खुद आके खुदा भी मुख चूम गइयो रे
सखि बरखा की...
भीजे चुनरी हमार अंगिया तारो जड़ी
भीजे चुनरी...

पिया जल्दी से आ जा

कारे बदरवा ने तानी चादर पिया जल्दी से आना
टप-टप भरे देखो नदिया-सागर तुम जल्दी आ जाना
भीगे है तन, मेरा कांपे जोवन-पिया जल्दी से आना
ओ रे बलम मुझे बिंदिया ना भाए, मुझे कजरा ना भाए
आ आ के याद तेरी मुझको रूलाए, बलम मुझको रूलाए
आके साजन
आके सजन, मुझे बिंदिया लगाके, मेरी मांग सजाना
कारे बदरवा ने तानी चादर पिया जल्दी से आना
टप-टप भरे देखो नदिया-सागर तुम जल्दी आ जाना
प्यारे पिया मुझे झूमका ना भाए, मुझे कंगना ना भाए
रिमझिम फुहार मेरे तन को जलाए, ओ जी तन को जलाए
आ के पिया...
आ के पिया, मुझे झुमका पहनाके, मेरा कंगना खनका जा
कारे बदरवा ने तानी चादर पिया जल्दी से आना
टप-टप भरे देखो नदिया-सागर तुम जल्दी आ जाना
बांके सजन मुझे पायल ना भाए, मुझे चुनर ना भाए
झूमती ये डाली, पवन मतवाली, मुझे छेड़े है हाए
आके बलम...

आ के बलम मुझे चुनरी ओढ़ा के मुझे गरवा लगाना
कारे बदरवा ने तानी चादर पिया जल्दी से आना
टप-टप भरे देखो नदिया-सागर तुम जल्दी आ जाना
भीगे है तन मेरा कांपे जोबन सनम मांग सजाना
भीगे है तन...

झूले तीज के

हरियाला सावन देखो आया री सखी
झूमें, मनवा और तन लहराए री सखी
ओ झूले मैंया ने है डाले चलो हो के मतवाले
यादें बचपन की सजाले, हम आज सखी री
ओ झूले मैया ने हैं...
यादे बचपन की सजा ले हम आज सखी री
सुनो रिमझिम फुहारो का सितार री सखी...2
मेरा भईया भी करता इन्तजार की सखी
आई ऋतु ये सुहानी ओढ़े चुनरिया मैं धानी
अपने बाबुल के अंगना में आज चली री
हरियाला सावन देखो आया री सखी
झूमें, मनवा और तन लहराए री सखी
ओ झूले मैंया ने है डाले चलो हो के मतवाले
यादें बचपन की सजाले, हम आज सखी री
किया धरती ने धानी श्रृंगार री सखी
आओ हम भी रचाले मेंहदी लाल री सखी
हरी-हरी चुड़ियां पहनके, माथे बिंदियां सजा के

गजरा टीका लगाके, मैं तो आज चली री
ओ हो हरियाला सावन आया री सखी
झूमे मनवा और तन लहराए री सखी
घेवर-फेनी की मिठाई, गुंझियां मावे की मन भाई
मुझे आज सखी री
यादें बचपन की सजाले, हम आज सखी री
ओ झूले मैंया...
यादें बचपन...

राखी का पावन त्योहार

राखी का पावन त्योहार आता वर्ष में बस एक बार
इसको भूल ना जाना तुम, भईया भूल ना जाना तुम
शीतल झोंके करे पुकार, बचपन जागा फिर एक बार
आओ साथ जगाएं हम, यादों में खो जाए हम
नदिया खेलती लहरों संग हम भी करते थे हुडदंग
बचपन भूल ना जाना तुम, यादें मत बिसराना तुम
राखी का पावन त्योहार, आता वर्ष में बस एक बार
इसको भूल ना जाना तुम, वीरा भूल ना जाना तुम
आया फिर से वो सावन, नाव थी कागज की और हम
खेल को भूल ना जाना तुमे, भईया भूल ना जाना तुम
पंछी भरते गगन उड़ान, मां के बसते हममें प्राण
यादें मत बिसराना तुम आके गले लगाना तुम
राखी का पावन...
इसको भूल...
तितली के है रंग हजार, राखी बहिन का प्यार
इसकी शान बढ़ाना तुम, प्यार को दिल में बसाना तुम

फूल में रहती सुगंध अपार, इसमें बसा है मेरा प्यार
इसको सदा निभाना तुम भईया सदा निभाना तुम
राखी का पावन...
इसको भूल...
सूरज निकला किरणों संग कितना सुन्दर ये बंधन
बंधन सदा निभाना तुम वीरा सदा निभाना तुम
भईया साथ निभाना तुम
इसको भूल ना जाना तुम

तिरंगा शान हमारी है

तीन रंग से बना तिरंगा, जिसे देखे दुनिया सारी है...2
सब मिल करो सलाम निभानी हमे अपनी यारी है...
तिरंगा शान हमारी है, तिरंगा आन हमारी है...2
इन रंगों में साफ झलकती भारत की तस्वीर
मेरे भारत की तस्वीर
देश मेरा खुशहाल, वीरों से भरा शान्ति का वीर...2
तिरंगा जान हमारी हैं, तिरंगा शान हमारी है
इस झंडे में देश की इज्जत, देश का है सम्मान
मेरे देश का सम्मान है
थाम के रखना है, हम सबको ये है देश की जान
तिरंगा जान हमारी है, तिरंगा आन हमारी है...2
नया जोश और नई उमंगे आज जगाओ तुम...2
अपना तिरंगा विश्व के हर कोने में सजाओ तुम
तिरंगा शान हमारी है तिरंगा आन हमारी है
तीन रंग से बना तिरंगा...
सब मिल करो सलाम...
तिरंगा जान हमारी है, तिरंगा शान हमारी है

थाम के जब इसे चले सिपाही उसकी बढ़ाता शान
छोड़ के फिर घर-द्वार तो क्या खुद हो जाता कुर्बानी
तिरंगा आन हमारी है, तिरंगा जान हमारी है.
मां के आंचल जैसा दुलारा, अपना तिरंगा प्यारा...2
जिसने डाली बुरी नजर, वह बन गया शत्रु हमारा
तिरंगा जान हमारी है, तिरंगा आन हमारी है...
तिरंगा...

जन्माष्टमी

चंदन के पलने में झूले नंदलाल, मैया हो रही निहाल
और देखे गोकुल की बाला
ओ-ओ चन्दन के पलने...
और देखे गोकुल की बाला
सांवरा है सोया करे अखियों को बन्द, फैली कैसी सुगंध
मैया जग से निराला तेरा लाला
हंसती हैं आंखे इसके हंसते है गाल, करे कैसा कमाल
मैया नींदों में हंसते गोपाला
चंदन के पलने ...
और देखे गोकुल की बाला
श्याम-वरन्, घुंघर वाले काले बाल, जरा दिल को सम्भाल
मैया टीका लगादे इसे काला
पैंजनियां पैरो में मोर मुकुटभाल, गले मोतियन की माल
मैया कैसा सलोना तेरा लाला
चंदन के पलने
और देखें गोकुल की बाला
शीतल पवन चूमे इसका बदन हो गई वो भी मगन
मैया उस पे भी ऐसा जादू डाला
देख इसे मिटी जनमों की प्यास, हमें जिसकी थी आस
मैया अद्‌भुत है तेरा गोपाला
चन्दन के पलने में झूले नंदलाल
और देखें गोकुल की बाला
देखें गोकुल की बाला

कलयुग की रामलीला

प्रभु राम ने देखी अपनी लीला अद्भुत न्यारी
अभिनय करने को आतुर थे बहुत से नर और नारी
सजा मंच बड़े जोर शोर से हो गई सब तैयारी

पहला दिन

प्रथम दिवस पूजन घड़ी आई शोर हुआ बड़ा भारी
किसी मनचले ने लड़की को कोहनी जोर से मारी
भईया शोर हुआ बड़ा भारी

दूसरा दिन

दूजे दिन की सांझ ढले प्रभु जनम लेत इतराएं
निरख-निरख अपनी छवि प्यारी हर्षित हो मुसकाएं
इतने में एक बुढ़िया ने अपनी इच्छा दी फरमाएं
उठ चल बहू, अब हम भी थोड़ी चाट-पकोड़ी खाए
ओ रामा जनम लेते इतराए

तीसरा दिन

राम-लला ने विद्या पाने गुरू चरणों में नमन किया
गुरू शरण ही दिव्य धाम है, यह मन ही मन प्रण किया
इतने में स्वर चोर का सुन प्रभु ने अपने हृदय को थाम लिय

कटी चैन महिला की उसने रो-रोकर बुरा हाल किया
'श्री जी' ने गुरू चरणों में नमन किया

चौथा दिन

चौथा दिन बड़ा रोमांचकारी स्वयंवर की थी सब तैयारी
शोभित मंच पे जनक दुलारी, मंत्र मुग्ध थी मिथिला सारी
पर जब प्रभु ने शिव धनुष उठाया, कर्कश स्वर पीछे से आया
तोड़-फोड़ में क्या रखा है, भगा के ले जा माल अच्छा है
सुन राघव सकते में आए, आश्चर्य हुआ बड़ा भारी
प्रभु के स्वयंवर की तैयारी

पांचवा दिन

सजी अयोध्या नगरी आज क्योंकि राम सिया संग आएंगे
लगा तिलक अब राम-माल पे माता-पिता सुख पाएंगे
कैकयी के कटु दो वचनों से अयोध्या को है ग्रहण लगा
पितृ-वचन की लाज निभाने राम ने वन को गमन किया
एका एक स्पीकर आया, दर्शकों पर था रौब जमाया
बोला रामलीला कल होगी हुजूर
अभी तो आ रहे हैं शाहरूख, करिश्मा कपूर
इतने में भीड़ से एक नौजवान चिल्लाया
अबे! पहले ही बुला लेता इनकी बेवकूफी देख
सिर तो ना धुनता

अबे! चौदह साल बाद बचेगा क्या भईये
छोड़ वन का चक्कर, यहीं आकर रहिये।

छठा दिन

कटी नाक थी सूपर्णखा की, मचा बड़ा उत्पात
सीता हर रावण ले भागा, रघुवर करे विलाप
इतने में आयोजक आया, राम-लखन को दूर बिठाया
पकड़ माइक को वह इतराया, पोंछा पसीना और फरमाया
क्या? शुभ घड़ी आई बड़ी शुभ घड़ी आई रे
सोनिया जी संग आए अटल कन्हाई रे
शुभ घड़ी आई, बड़ी शुभ घड़ी आई रे

सातवां दिन

हुए मुदित मन प्रभु से मिलकर हनुमंत और सुग्रीव
राम-मित्रता मिली भाग्य से जागा हमारा नसीब
मैया खोज करन को हनुमत लंका दिए भिजाए
सिया से मुंदरी ले हनुमंत ने, लंका दीनी जलाए
हो रामा लंका दीनी जलाए
तभी चीखकर बच्चा आया, रोकर अपना मुंह था सुजाया
आंसू कहानी बोल रहे थे, नैन उसके मां खोज रहे थी

मां अपनी गपशप में गुम थीं, आजादी की घड़िया कम थी

सुनते ही वह दौड़ी आई, बच्चे को एक चपत लगाई।

यहां से क्या नहीं दिखती लीला जो तूने वहां दौड़ लगाई

देखो-देखो रे लीला प्रभु राम की...

आठवां दिन

प्रभु लंका पर कीन्ही चढ़ाई, मेघनाद संग करी लड़ाई

लगा लखन को तीक्ष्ण तीर, मूर्छित भए लखन बलवीर

राम देख हुए बहुत अधीर, कोई मिटा दो मेरी पीर

मात सुमित्रा के हे लाल, होश में आओ प्रिय लखन पाल

इतने में हुई वर्षा भारी, पोल खुली व्यवस्था की सारी

कच्चे रंग सब बह गए थे टूटे तखत अब रह गए थे

दर्शक सारे भाग रहे थे, कुछ दौड़े कुछ हांफ रहे थे

राम अकेले खड़े रह गए, लखन प्रिय भी पड़े रह गए

लखन प्रिय भी पड़े रह गए

नौवा दिन

श्री राम चले जब रण में, हुए ढेर शत्रु सब क्षण में

मेघनाद कुम्भकरण को मारा, पुलकित हुए सब मन में

श्रीराम चले जब रण में

इतने में एक सज्जन आए गुस्से से थे वो तमतमाए

आयोजक को जा धमकाया, पुलिस को साथ में लेकर आए
चंदा मैंने दिया लाख का, दीपक गया कोई और जलाए
पुलिस को साथ में लेकर आए
देखो-देखो रे लीला प्रभु राम की

दसवां दिन

विजय दशमी का पावन दिन था
दशानन संग युद्ध कठिन था
अमृतघट पर मारा बाण, रावण पल में हुआ निष्प्राण
चारो ओर हुई जयजयकार, सीता संग चले राजकुमार
राज तिलक की हुई तैयारी, मंच पे थी एक विदेशी नारी
तन कपड़ों से झांक रहा था हर कोई उसको ताक रहा था
इतने में एक बंधु आए, बिन देखे, प्रभु तिलक लगाए
उनको थी बड़ी भारी जल्दी, माला वैदेही गले वर दी
प्रभु राम ने देखी लोगों अपनी लीला न्यारी
कलयुगी लीला पड़ी राम को देखो कितनी भारी

दीपावली का संदेश

दीपावली का पावन उत्सव कई संदेसे लाता है
आओ मिलकर सींखे हम सब जो हमको सिखलाता है
चमकाते घर-द्वार हैं अपने, मन को भी अब साफ करें
मिल बैठें हम एक साथ सब एक दूजे को माफ करें
रंगो भरी रंगोली जिस दिन आंगन में सज जाती है
उस घर में मां लक्ष्मी भी पैदल चल कर ही आती है
संग पत्तों के बांध फूल, जब बंदनवार लगाते हैं
देव भी देख के घर की शोभा, नतमस्तक हो जाते हैं
संग खिलौनों बीच बैठकर भगवन् यह समझाते हैं
सब जीवों में अंश मेरा कह, भेदभाव मिटाते हैं
गणेश-लक्ष्मी पूजा का लोगों है विधान बड़ा भारी
लाभ रहे पर शुभ हो पहले, विनती करो नर नारी
मीठा मुंह कराके, मिलते गले, बधाई देते हैं
मुंह में रहे मिठास वर्ष भर आओ प्रण कर लेते हैं
काली रात अमावस की हुई पूनम दीप कतारों से
मन में प्रेम का दीप जले तो मुक्त हो मन अंधियारों से

फूलझड़ी, बम और पटाखे मिलजुल आज जलाओ तुम
चमक धमक में भूल के इनकी दिल से मौज मनाओ तुम
तोहफे देने एक दूजे के घर जाने की बात सुनो
अरे! इतने बड़े जगत में यारों तुम भी तो कुछ यार चुनो
दीपावली का पावन उत्सव कई संदेसे लाता है
आओ मिलकर सींखे हम सब जो हमको सिखलाता है

अग्रसेन जयन्ती

शत्-शत् वन्दन, शत्-शत् वन्दन, अग्रसेन महाराज जी-2
हम सबको नई राह दिखाकर, दिशा बदली दी समाज की-2
ज्ञान की ज्योति घर-घर फैली ऐसी हमें मशाल दी
धन्य हो गए हम सब, सबकी दुनिया तुमने संवार दी
शत्-शत् वन्दन, शत्-शत् वन्दन, अग्रसेन महाराज जी
हम सबको नई राह दिखाकर, दिशा बदली दी समाज की
मन में करूणा भाव जगाकर हम पर ही उपकार किया-2
दुखियों का दुख जब हम हरते, हमे तुम्हारा प्यार मिला
शत्-शत् वन्दन, शत्-शत् वन्दन, अग्रसेन महाराज जी
हम सबको नई राह दिखाकर, दिशा बदली दी समाज की
नारी देश के दिल की धड़कन, दिया उसे सम्मान है
माटी की गुड़िया में डाले प्राण, तेरी क्या शान है
शिक्षित कर दिया नारी को जो घर और देश की जान है
निकल पड़ी ऊंचा सर करके, तेरा ही एहसान है
शत्-शत् वन्दन, शत्-शत् वन्दन, अग्रसेन महाराज जी
हम सबको नई राह दिखाकर, दिशा बदली दी समाज की

ईंट-ईंट से जुड़े तो देखो बनता भवन विशाल है
बूंद-बूंद से मिले जो भर जाएं गागर किया कमाल है
तुमने हर आंगन में उस विश्वास का बीज दबाया है
आज हज़ारो फूलों में वह बीज ही तो मुस्कारया है
शत्-शत् वन्दन, शत्-शत् वन्दन, अग्रसेन महाराज जी
हम सबको नई राह दिखाकर, दिशा बदली दी समाज की
छुपे हुए रत्नों की हम मिट्टी से बाहर लाएंगे-2
उनकी चमक का मोल हैं क्या ये जन-जन को बतलाएंगे
शत्-शत् वन्दन, शत्-शत् वन्दन, अग्रसेन महाराज जी
हम सबको नई राह दिखाकर, दिशा बदल दी समाज की
आप हमारे मांझी हमको नदिया पार करा देना
मन की तरंगों में सेवा और प्रेम के राग जगा देना
शत्-शत् वन्दन, शत्-शत् वन्दन, अग्रसेन महाराज जी
हम सबको नई राह दिखाकर, दिशा बदली दी समाज की

रंग कुछ और भी हैं देख मेरे यार

कशिश प्रेम की

कशिश को प्रेम की अगर जान लोगे तुम
खुदा क्या चीज है यह बात मान लोगे तुम
खुदा, खुद बच ना सका इस प्रेम के धन से
सृष्टि का सृजन भी हुआ उसके ही जतन से
ये पेड़, ये पौधे, ये पर्वत, नदी...झरने
खुदा के प्रेम के, ये ही तो है अनमोल करिश्मे
इंसान को भी उसने ही है प्रेम सिखाया
कभी रांझा कभी महिवाल बनके खुद वही आया
जीवन जब, अनगिनत रिश्तों में बदल जाता है
प्रेम का धागा ही बस, इसको बांध पाता है
हर कोई अपना मीत उसको नजर आता है
प्रेम का चश्मा जिसकी आंखों पे चढ़ जाता है
प्रेम के सामने इंसान की तो बात है क्या
खुद भगवान भी धरती पे उतर आता है
धरती पे उतर आता है.....

सुहानी सुबह

वह सुबह बड़ी सुहानी थी
राज संग उनकी रानी थी
ऊंचे वृक्षों के साए थे
हमने-कुछ ख्वाब सजाए थे
झरनों की धारा धुली-धुली
मन बगिया में हुई चुलबुली
रिमझिम बुंदों की सुन सरगम
हर्षित हो भुले सारी थकन
गंगा के बहते धारे थे
बस हम थे, मस्त नज़ारे थे
लब चुप थे, आंखे बोल रही
कुछ भेद जिया के खोल रही
हम जा पहुंचे उन मौजों में
शीतल मतवाले झोंको में
इन वादियों में खो जाए हम
बस यही के अब हो जाए सनम
बस यही के अब हो जाए सनम

जान-हमारी

जान हमारी जान से प्यारी लगती है
हंसती है इस तरह से जैसे पैरों में पैजंनि बजतीं है
जान हमारी जान से...
हंसती है इस तरह...
इठलाती-बलखाती जब वो चलती है
देख के यूं बलखाना उसका नदी भी राह बदलती है
जान हमारी जान से...
हंसती है इस तरह...
कोमल तन महके मधुबन सा अधरों में वो मस्ती है
पी कर, मस्त बना बन भंवरा मदिरा खूब छलकती है
जान हमारी जान
हंसती है इस तरह
नैंनों में दो मीन सदा ही बसती है
डोलती है जब इत-उत दोनों धड़कन और धड़कती है
जान हमारी जान से...
हंसती है इस तरह...
चांद से मुख पर जुल्फ घनेरी सजती है
दिन में भी अब रात अंधेरी लगती है
जान हमारी जान से...
हंसती है इस तरह...

सफर में साथ रहे दिलबर

जिन्दगी जीने की और प्यास बढ़ी है दिलबर
इस सफर में ना बिछड़ जाए हमें लगता है डर
आ दुआ मांग ले उस नूर से ऐ जाने जिगर
हाथ में हाथ हो जब सांसों का हो खत्म सफर
जब से देखा है तुम्हे जीने की मंजिल मिल गई
चाहतों में तेरी डूबी रही मैं तो खिल गई
साथ मेरा दिया जीवन की कठिन राहों में
पा लिया हमने सुकून जान तेरी बाहों में
प्यार के रंगों से हमने तो सजाया दामन
खूब इतराते फिर चाहे कसम ले लो सनम
जिन्दगी जीने की और प्यास बढ़ी है दिलबर
इस सफर में ना बिछड़ जाए हमें लगता है डर
आ दुआ मांग ले उस नूर से ऐ जाने जिगर
हाथ में हाथ हो जब सांसों का हो खत्म सफर
भोर की उजली किरण मेरे उजाले हो तुम
चांदनी रात के हमराज सहारे हो तुम
उड़ रही पंख लगा मैं तो तेरे वादों के

चहकी-चहकी सी फिरू साजना संग यादों के
सात-फेरों की कसम तुमने निभाई है सदा
हम भी भूले नहीं पूरा किया जो वादा किया
जिन्दगी जीने ...
इस सफर में ...
आ दुआ मांग ...
हाथ में हाथ ...

यादें

चन्द लम्हों की खुशी भी बहुत बड़ी खुशी होती है
मानो तो मानो यारो वरना, जिन्दगी हर लम्हा रोती है
जिन्दगी भर ना खत्म हो सका चाहतों का सफर
देने वाले तूने तो कभी कोई कभी ना की।
राहों में जिन्दगी के मिले हमनवां हजारों
मंजिल पे होंगे तन्हा चाहे कितना भी पुकारो
उम्र गुजरी मेरी साकी तेरे मयखाने में
जाम पे जाम पिए तेरे आशियाने में
आग वो बुझ ना सकी और भड़क जाती है
तेरी महफिल भी अब वीराना नजर आती है
मरके जलते हुए देखे होंगे हजारों तुमने
जीते जी हमको उनकी याद जला जाती है
कभी लगती थी जिन्दगी इतने पास
आज लगती है कोसों दूर
कभी आंखों से पिया करते थे
आज मय से भी ना चढ़ पाया सुरूर।

खुशियां भी जमाने की हमें, ना खुश कर सकी 'ऐ खुशी'
तू भी तो खुश हो हो कर परेशां होती होगी
दोस्ती मेरी तेरी परवान चढ़ेगी उस दिन
जब खुशी तू भी खुद
जब खुशी तू भी खुद, खुश नहीं परेशां होगी।

अर्ज किया है

खूबसूरती दर्पण की मोहताज नहीं होती
प्यार में अक्सर जुबां से बात नहीं होती
बरसते देखे होंगे बादल तुमने बरसातों में
बिन बादल बरसती हैं आंखे
जब प्रियतम से मुलाकात नहीं होती
मन्दिर, मस्जिद, गिरजे में,
सुनी हैं जिनकी कहानियां
सब दोस्त थे, दोस्ती की ही तो है ये,
अद्‌भुत सुन्दर निशानियां
जीने से जिसके जीवित हो धर्म
जीना उसका ही महान है
मरकर भी वह जीवित रहते हैं
मिलता यह वरदान है
दीपक से दीप जले, घटे-घोर तिमिर अंधियारा है
प्रीत को प्रीत मिले, खिलता मन हमारा है
ज्ञान बढ़े ज्ञान से तो आत्मरंग चढ़ता है
धन बढ़े धन से तो पाप में ही गिरता है

जल बढ़े जल से तो बाढ़ आ जाती है
बात बढ़े बात से तो बात बिगड़ जाती है
दिल मिले दिल से तो दुनिया संवर जाती है
दिल में अगर धड़कन ना हो तो दुनिया ठहर जाती है
धार बड़ी होती है तलवार नहीं
बाती बड़ी होती हैं चिराग नहीं
कलम बड़ी होती है, किताब नहीं
नजर बड़ी होती है नजारे नहीं
उम्मीद बड़ी होती है, जीवन नहीं

पथिक

सुबह भी सुबह से जी-जी के जब थक जाती है
गोद में रात की सिर रख के फिर सो जाती है
पंछी भी लौट चले नीड़ों में अपने-अपने
कल करेंगे अब सफर, जो सफर रह गया अभी बाकी है
डालियां फूलों की भी, अब झुक गई सुस्ताने की
कल खिलेंगे ए चमन, नींद हमें लोरिया सुनाती है
पर दूर मंदिर में से जलता हुआ दीपक बोला
मैं जगा दूं, ना थका जब तक, जल रही संग मेरी बाती है
तभी हिचकी सी सुनी पास की मधुशाला से
बात करता था एक दिवाना अपनी हाला से
मैं न सोया, मेरी आंखों में नशा चाहत को
सो गया मैं, तो रूठ जाएगा वो, जो मेरा साकी है
तू भी घर लौट जा, ना भटक ओ पथिक
जो सुकुं घर में है वो ही बस, जिन्दगी को काफी है
सुबह भी सुबह से जी-जी के जब थक जाती है
गोद में रात की सिर रख के फिर सो जाती है

भोर

भोर के दिलकश नजारे, लगते हैं कितने प्यारे...2
हवा की ताजगी से भीगे है तन-मन हमारे
दिन भर की थकन से सबको, एक पल में है उबारे
भोर के दिलकश नजारे, लगते हैं कितने प्यारे
कभी पंछीओ की बोली, कभी कोयल कुहुकं जाए
कानों में घोले मिस्त्री, मन को ये गुदगुदाय
धीमे से उन स्वरों में जीवन का गीत गाए
भोर के दिलकश नजारे लगते हैं कितने प्यारे
कही अधखिली सी कलियां हौले से मुस्कुराए
देखे इन्हें जो हंसता वह खुद भी खिलखिलाएं
भोर के दिलकश नजारे लगते हैं कितने प्यारे
हवा की ताजगी से भीगे है तन-मन हमारे
नरम दूब का बिछौना जब तन को चूमता है
मदमस्त हो के मन कुछ क्षण तो झूमता है
भोर के दिलकश नजारे लगते हैं कितने प्यारे
हवा की ताजगी से भीगे हैं, तन-मन हमारे
कोई चलता हम कदम बन, कोई दौड़ है लगाता
कोई तन और मन को साधे, ध्यान में खो जाता

कही सखियां मिलके हसंती, कोई गीत गुनगुनाता
मुक्त हो के बन्धनों से हर व्यक्ति चैन पाता
क्योंकि भोर के दिलकश नजारे लगते हैं सबको प्यारे
हवा की ताजगी से भीगे हैं तन-मन हमारे
प्रथम किरण के स्पंदन की बात है निराली...2
निरोगी रहे काया, आओं मिलके बजाए ताली
भोर के दिलकश नजारे,
लगते हैं बड़े प्यारे...

योगासन–चिकारों का निष्कासन

स्वस्थ ऊर्जा का संचय और विकारो का निष्कासन
ये ही कहलाता है 'योगासन'

सूर्य नमस्कार

सभी आसनों का रोबीला सरदार
तन को तेजस्वी बना करता है तैयार
कार्यक्षमता करके दुगुनी कर्मभूमि में देता उतार
ऐसा असरदार है यह सूर्य नमस्कार

वज्रासन

यह आसन करने में बहुत आसान
आदमी को कर सकता है वज्रसमान
लगता है छोटा पर काफी लाभ प्रदान
रीढ़ रखे सीधी, पुष्ट करे पाचन संस्थान

भुजंगासन

यह आसन बहुत चमत्कारी है
जिस व्यक्ति को रहती सर्वाइकल व हृदय रोग की बीमारी है
उसके लिए यह आसन बहुत लाभकारी है
यह कब्ज का है शत्रु व गुर्दो का मित्र है
इसके करने की विधि बड़ी विचित्र है

क्योंकि जब व्यक्ति फन फैलाएं भुजंग की अवस्था में आ जाता है

तब रोग रूपी शत्रुओं को शरीर से बाहर खदेड़ दिया जाता है

पवन-मुक्तासन

मोटापा घटे शीघ्रता से पेट भीतर धंसता है
गैस, कब्ज दूर पल में, ऐसी ये व्यवस्था है
पवन मुक्तासन की बात ही निराली है
कुछ भी डालो पेट में यह फिर भी खाली-खाली है
पवन मुक्तासन की बात ही निराली है।

श्वासन

तन ढीला, मन शांत, श्वासों पर रख अचूक ध्यान
बाहरी दुनिया से हट, कर खुद की पहचान
जब जागेगा नींद से दुनिया ही बदल जाएगी
मिटेगी थकन सारी, मन बगिया महक जाएगी
किसी ने सच ही कहा है...
श्वासन की बात है अनूठी
तन-मन को करे स्वस्थ कैसे?
जैसे संजीवनी बूटी
संजीवनी बूटी

श्वास-प्राणदायिनी हवा

योग का द्वार, स्वास्थ्य का अनमोल खजाना,
प्राणदायिनी बयार
शरीर में नई स्फूर्ति व शुद्ध-रक्त का संचार
न कोई मिलावट, न छल, न धोखा
हल्दी लगे न फिटकरी, रंग चोखा ही चोखा
प्राणायाम प्रकृति का अनूठा वरदान है
केवल श्वासों की गति पर ही रखना ध्यान है
छोटे-बड़े, गरीब-अमीर सबके लिए
एक ही विधान है
प्रातः की जो ये प्राणदायिनी हवा है
अनगिनत रोगों की अचूक दवा है।
कुछ ही मिनटों में मन फूल सा खिल जाता है
महकता है घर-आंगन जब स्वस्थ शरीर में
शुद्ध-विचारों का नन्हा सा फूल खिलखिलाता है
फूल खिलखिलाता है

गृह-प्रवेश

शुभ घड़ी आज घर आई, सखी री आज-2
आंगन बजे है शहनाई, सखी री आज-2
स्वप्न-सुनहरे आज सजे हैं
मेहंदी से देखो हाथ रचे हैं
अंखिया खुशी से है भर आई, सखी री आज
शुभ घड़ी आज घर आई, सखी री आज
बहना आओ द्वार सजाओ-2
जल-भर मंगल कलश धराओ-2
मोतियन चौक पुराओ, सखी री आज
शुभ घड़ी आज घर आई, सखी री आज
आंगन बजे है शहनाई, सखी री आज
कोना-कोना महक रहा है
खुशियों से मन बहक रहा है
सब देते मुझको बधाई, सखी री आज
आंगन बजे है शहनाई, सखी री आज
गौरा जी आई, लक्ष्मी जी आई
आशीषों की झड़ी है लगाई
शारदे ने वीणा बजाई, सखी री आज
प्रेम के इसमें दीप जलेंगे-2
मिल-जुल शुभ और लाभ रहेंगे
झूमेंगे दिन और रात, सखी री आज झूमेंगे

छुक-छुक-छुक-छुक

ओ देखो छुक, छुक, छुक रेल चली-2

नीला अंबर, वन और उपवन सब ले अपने साथ चली

ओ देखो छुक, छुक, छुक रेल चली

राह में आई एक झोपड़ी

राह में आई एक झोपड़ी, झोपड़ी में बत्ती है जली

नदिया दौड़ी, झरने भागे,

नदिया दौडी, झरने भागे, पर देखो उनकी एक न चली

ओ देखो छुक, छुक, छुक रेल चली

नीला अंबर, वन और उपवन सब ले अपने साथ चली

कोई हंसता, कोई मगन हो पढ़ता

कोई हसता, कोई मगन हो पढ़ता, कोई बातें करते हैं बुरी-भली

डिब्बे खोल, खाने पे टूटे,

डिब्बे खोल खाने पर टूटे, देखो, देखो, देखो अब सांझ ढली

ओ देखो छुक, छुक, छुक रेल चली

झोटे दे-दे हमें सुलाती,

झोटे दे-दे हमें सुलाती, खुद जागे, दौडे भागे पगली

चाय गरम का शोर है आया,

चाय गरम का शोर है आया, हुई सुबह कैसी धूप खिली

ओ देखो छुक, छुक, छुक रेल चली

सिगनल देख रूकी टेशन पर,

सिगनल देख रूकी टेशन पर, भागे आए देखो कई कुली

सुखद सफर की मधुर स्मृतियां,

सुखद सफर की मधुर स्मृतियां, देकर फिर से दौड़ चली

आहा छु-छुक, ओ-ही छुक-छुक देखो रेल चली

आहा छु-छुक, ओ-ही छुक-छुक देखो रेल चली